회계가 직장에서 이토록 쓸모 있을 줄이야

일 잘하는 사람은 회계에 강합니다

회계가 직장에서 이토록 쓸모 있을 줄이야

한정엽 · 권영지 지음

원앤원북스

지금, 회계해야 하는 이유

●

"사랑하면 알게 되고 알게 되면 보이나니, 그때 보이는 것은 전과 같지 않으리라."

『나의 문화유산답사기』를 쓴 유홍준 교수는 조선 정조 시대의 문장가 유한준의 문구를 인용해 우리의 문화유산을 바라보는 자세에 대해 이렇게 표현했습니다. 대학생 때 처음 접했던 이 문구는 저의 삶에 많은 영향을 끼쳤습니다. 아니, 인생 전반을 바꾸는 계기가 되었다는 표현이 더 적합합니다. 우리는 무엇인가를 처음 접할 때 필연적으로 두려움과 어색함을 느낍니다. 그러나 그것에 대해 조금씩 알아가고 이해해나가면, 그리하여 그 대상을 정말 사랑하게 되면 이전에는 미처 알지 못했던 새로운 사실과 현상을 볼 수 있게 됩니다. 어떤 때는 고정관념을 바꿀 만한 변화가 생기기도 합니다.

대학에서 미술을 전공한 제가 전공과 전혀 무관한 업무를 담당하게 된 이유는, 낯선 것에 대한 호기심을 바탕으로 학습 의지를 키우고 그것을 천천히 받아들였기 때문입니다. 참고로 지금은 한 회사에서 회계업무 9년, 영업업무 2년의 경험을 거쳐 기획업무를 9년간 해오고 있습니다. 입사 초기 회계를 공부하며 습득한 업무 역량을 통해 회사 내에서 오랜 기간 많은 사람들에게 인정받을 수 있었고, 이는 제가 자신감을 갖게 된 원동력이 되었습니다.

회계는 딱딱하고 어려운 학문이 아닌 만국 공용의 경제언어입니다. 기초 재무회계 지식만 잘 익혀도 유능한 직장인으로 인정받을 수 있으며, 회계 실무를 통해 숙달한 지식과 스킬은 다양한 업무에 유연하게 활용됩니다. 단언컨대 회계는 조직에서 살아남아야 하는 직장인에게 필요한 최고의 무기이자 핵심 업무 역량입니다.

예를 들어 사업 기획이나 제품 기획, 예산 및 실적 전망과 관련된 보고서의 내용은 대부분은 숫자로 채워져 있습니다. 복잡하고 난해하게 섞여 있는 숫자들은 알고 보면 하나의 일정한 공식으로 이루어져 있습니다. 본인이 보고서를 작성하는 실무 담당자라면 당연히 이 공식을 알고 있어야 합니다. 공식을 알고, 그 숫자가 나온 배경 원인을 파악하면 보고에 대한 두려움도 어느 정도 사라집니다. 그리고 그 보고를 통해 업무 과정과 결과에 대한 인정을 받게 됩니다. 또 커뮤니케이션의 방식으로 숫자를 활용하기도 합니다. 명확하게 수치화된 데이터를 통한 커뮤니케이션은 현 상황을 빠르고 정확하게 전달하는 데 큰 도움이 됩니다. 그런 것들이 하나하나 쌓이다 보면 어느새 주위에서 두터운 신뢰를 얻고 있을 것입니다. 이것이 바로 여러분이 회계 담당자가 아닐지라도 회계를 공부해야 하는 이유입니다.

물론 처음 만났던 회계는 두려움과 공포의 대상이었습니다. 한글이지만 전혀 한글 같지 않은 뜻을 가졌고, 용어 자체도 쉽게 해석할 수 없었습니다. '수익 인식의 기준' '계상' '대손충당금' '무형자산 손상평가' 등 평소 들어보지도, 사용하지도 않는 용어들이 많아 '내가 꼭 이런 것까지 익혀야 하나?'라는 거부감을 안겨주었습니다. 그러나 삶의 무게는 역시 무엇이든 가능하게 해주지요. 세상을 살아가야 한다는 의지는 제가 가진 두려움을 넘어서게 해주었습니다.

이렇게 기초 재무회계에 대한 책을 쓰게 된 이유는, 저와 같은 길을 걸으며 고충을 겪고 있는 후배들이 눈에 들어왔기 때문입니다. 과거의 제가 겪었던 시행착오를 그대로 반복하고 있는 후배들을 보면서 오래전 하나하나 깨지고 부딪혀가며 배웠던 내용들을 공유해야겠다고 마음먹게 되었습니다. 이제 막 이 길을 걷기 시작하는 여러분이 이 책을 통해 조금이라도 더 쉽게 회계를 접하고 이해할 수 있게 되기를 바랍니다.

한정엽

●●

"제가요? 책을요? 심지어 회계에 대해서요?"

처음에는 말이 안 된다고 생각했습니다. 저는 뼛속까지 문과 사람인 데다 숫자 알레르기가 심각한 수준이라 모임에서 그 흔한 총무 한 번 맡아본 적이 없는걸요. 그래서 회계에 대한 글을 같이 써보자는 이야기를 들었을 땐 묻지도 따지지도 않고 손사래를 칠 수밖에 없었습니다.

회계에 대한 충분한 지식을 가지고 있는 사람들도 그 지식을 누군가에게 전달하고 이해시키는 것은 결코 쉬운 일이 아닐 텐데, 저 같은 무지렁이가 무슨 책을 쓰겠나 싶었습니다. 자신이 없는 것을 떠나서 그러면 안 되는 거 아닌가, 되레 회계에 대한 편견을 심어주게 되는 건 아닌가 걱정이 앞섰기 때문입니다.

그런데 조금만 생각을 달리해보니 그런 생각이 들더라고요. '회계 입문자들의 마음을 가장 잘 이해할 수 있는 건 나 아닌가? 내가 숫자 바보이기 때문에 처음 회계를 공부하는 사람들이 무엇을 힘들어하고, 어떤 부분을 어려워하는지 더 정확히 짚어낼 수 있는 건 아닐까? 내가 이해할 수 있는 글이라면 누가 봐도 쉽게 이해할 수 있을지도 몰라! 그러니 이 글을 쓰는 데 나만큼 적임자는 없을 거야.' 그 막연한 자신감으로 이 글을 함께 쓰게 되었습니다.

저는 이미 다른 책을 통해 회계를 공부하려다 몇 번이나 실패했고, 또 현재 실무에서 버거운 회계 용어에 충분히 허덕이고 있는 중입니다. 그래서 딱 제 눈높이에 맞춰 "이건 잘 모르겠고, 저건 표현이 너무 어려우니 좀 더 쉬운 예시를 드는 게 좋겠고, 이 부분은 좀 더 친절한 설명이 필요하다."라고 이야기해야겠다 싶었습니다. 그렇게 끊임없이 원고에 태클을 거는 것이 저의 가장 중요한 역할이라고 생각했습니다.

그래서 그 역할을 성공적으로 수행했냐고 물으신다면, 쉽게 답하기는 어렵겠네요. 아직도 회계는 제게 너무 멀고, 또 어렵거든요. 아직도 헷갈리는 것투성이고, 재무제표를 볼 때는 여전히 긴장됩니다. 하지만 처음 회계를 공부하는 바로 당신의 눈높이에서 함께 생각하려는 노력은 충실히 해왔다고 자부합니다.

길지 않은 기간이지만 회계를 알게 되면서 제가 느낀 점은 두 가지입니다. 하나는 회계는 배워도 배워도 계속 어렵다는 것이고, 다른 하나는 그럼에도 불구하고 회계를 알게 되면 사업을 바라보는 눈이 넓어진다는 점입니다. 늘 그저 내가 속한 부서의 업무만 생각하며 지냈었는데 어느새 본부가 어떻게 돌아가고 있는지, 회사가 어떻게 돌아가고 있는지 전반적인 그림이 조금씩 그려지기 시작하더라고요. 회사의 상황을, 그리고 시장의 상황을 이해하는 데도 큰 도움을 받았고요. 주변을 바라보는 눈이 바뀐다는 건 일견 사소해 보일지도 모릅니다. 그러나 이 작은 변화가 틀림없이 우리 인생에 굉장한 변화를 가지고 올 것이라고 믿습니다.

사실 책 한 권으로 이 방대한 회계를 모두 이해할 수는 없을 겁니다. 다만 낯설고 두려웠던 각종 회계 용어, 개념들과 좀 더 친해진다면 그다음 단계로 나아가는 걸음이 그렇게 무겁지만은 않을 겁니다. 그런 자신감 한 줌을 드리고 싶었습니다. 저 같은 숫자 바보도 하는걸요. 그러니 당연히, 당신도 할 수 있어요.

권영지

PART 1 ✅ 직장인에게 회계가 필요한 순간

PART 2 ✅ 직장인, 일단 회계부터 배웁시다

현금흐름표

PART 3 ✅ 회계 지식, 이렇게 써먹습니다

손익분기점

재무비율 분석

재무비율 분석 사례

PART 4 ✅ 회계가 실무에서 이토록 쓸모 있을 줄이야

일잘러의 보고서가 명쾌한 이유

업무 효율을 높이는 회계의 힘

회계란 회사 내에서 이루어지는 모든 경제적 활동(생산과 소비, 수입과 지출, 투자와 개발)을 수치화하는 것입니다. 그래서 흔히 '회사의 언어'라고도 부릅니다. 회계는 회사의 사업 계획과 예산 수립, 성과 평가 등 모든 과정에 많은 영향을 미치고 있습니다. 회계를 충분히 이해하고 활용하는 방법을 알게 된다면, 경영진이 원하는 업무 방향을 명확히 파악해 더 빠르게 리더로 성장할 수 있을 것입니다.

PART 1

직장인에게
회계가
필요한 순간

- 회계로 연봉 높이기
- 업무의 전문성 살리기
- 회계는 '회사의 언어'다

비전공자도
회계해야 하는 이유

✦ 회계로 연봉 높이기 ✦

최근 ERP* 시스템의 보편화로 다수의 업무가 전산화되면서 기존 회계업무의 속성 또한 빠르게 변하고 있습니다. 기존에 종이로 작성되던 전표 등이 모두 온라인화되면서 업무 효율성도 크게 향상된 상황입니다. 결산업무의 처리 속도가 현저히 빨라졌고, 경영활동에 관련된 결과 수치를 보고하는 과정도 원활히 이루어지고 있습니다. 하지만 그렇다고 해서 회계의 본질이 바뀌는 것은 아닙니다. 오히려 회계의 필요성과 중요성에 대한 공감대는 점점 더 커져가고 있

---

* ERP(Enterprise Resource Planning, 전사적 자원관리), 하나의 통합적 시스템을 구축해 기업의 판매, 생산, 구매, 물류, 인사, 회계 등의 경영자원을 효율적으로 운영하는 것.

습니다.

왜 그런 걸까요? 사실 우리는 지금까지 회사에서, 또 일상에서 회계를 모르고도 잘 살아왔는데 말입니다. 이 낯설고 어려운 내용들을 꼭 알아두어야만 하는 걸까요? 이러한 과정들이 지금의 나에게 왜 필요한 것일까요? 그 이유는 우리가 언제나 회계의 영향을 받으며 살아가고 있기 때문입니다.

현재 우리가 살아가기 위해 필요한 모든 생산과 소비활동은 회계의 범위 내에서 움직이고 있습니다. 우리가 회사에서 일하고, 급여를 받고, 그 돈을 이용해 다양한 소비활동을 하는 것. 그리고 그 돈을 가지고 회사가 다시 생산활동을 하고, 직원들에게 급여를 지급하는 것. 이 모든 일련의 경제적 활동을 숫자로 표현한 것이 바로 회계(會計)입니다. 다시 말해 회계란, 회사 내에서 이루어지는 모든 경제적 활동(생산과 소비, 수입과 지출, 투자와 개발에 이루어지는 모든 활동)을 수치화하는 것입니다. 가계부가 가정의 계산을 기록한 책인 것처럼, 회계란 회사의 계산을 기록하는 행위라고 이해하시면 됩니다. 회계를 '회사의 언어'라고 부르는 것도 이러한 이유 때문입니다.

그렇다면 과연 우리가 회계를 알면 회사의 모든 운영 상황을 알 수 있게 될까요? 단순히 나열된 몇 가지 숫자만을 가지고 모든 상황을 추정하는 것이 정말 가능할까요? 이 몇 가지 지식들이 나에게 어떤 도움이 되는 걸까요? 아직은 막연하기만 할 겁니다. 그럼 지금부터 간략하게 회계가 회사생활에서 어떻게 활용되고 있는지, 또 이 과정을 통해 회계가 회사와 나에게 어떠한 영향을 끼치고 있는지 알아보도록 하겠습니다.

회사생활의 A to Z, 회계

일반적으로 대부분의 회사들은 매년 연말에 한 해의 사업실적을 정리합니다. 이를 통해 올해 얼마만큼의 매출과 이익이 나왔는지 대략적인 결산을 진행합니다. 그리고 여기서 도출된 수치(이익이나 현금 등)를 바탕으로 내년도 사업을 계획합니다. 즉 각 사업의 목표 매출을 설정하게 되는 것이죠. 이후 사업의 승인 및 협의, 조율을 통해 사업계획이 확정되면 그 사업에 적합한 예산계획을 수립합니다. 이때 각 사업에서 설정한 목표 매출을 달성하기 위해 필요한 각종 원가와 비용, 개발비 등을 일정한 양식에 맞춰 기재하게 됩니다. 이 양식으로 가장 많이 활용되고 있는 것이 바로 손익계산서 형식입니다.

회사가 손익계산서 형식을 선호하는 이유는 각 사업의 예산 금액을 합산했을 때, 기존에 작성된 사업계획과 비교·분석하기 용이하기 때문입니다. 아울러 경영진 보고서나 기타 관리회계에 필요한 자료를 작성할 때, 손익계산서 형식을 활용하면 업무를 좀 더 신속하고 정확하게 처리할 수 있다는 장점이 있습니다.

대부분의 직장인들은 이 예산업무를 통해 손익계산서 형식과 계정과목의 이름들을 처음 접하게 됩니다. 실무 단위에서 작성한 예산 수치들에 대해 팀 단위에서 1차 검증을 완료하면, 각 본부의 기획 단위에서 사업 단위별 예산을 취합하게 됩니다. 이 과정을 통해 상위 조직의 예산이 정리되고 동일한 형태로 예산 검증이 진행됩니다. 몇 차례의 검증과 수정 과정을 통해 최종적으로 회사 전체의 예산안이 확정되면 전사(全社)의 기본적인 내년도 사업 방향이 확정됩니다. 이후 예산을 기준으로 한 성과목표 수립 작업이 시작되는 것입니다. 회사마다 조금씩 차이는 있지만 일반적으로 성과목표는 팀 단위에서 개인 단위까지 작성하게 됩니다. 성과목표 수립 시에도 가장 중요한 기준이 되는 것이 바로 예산에 기재된 매출과 비용입니다.

이렇게 작성된 성과목표가 경영진 보고를 통해 최종 확정되면 드디어 새로운 목표를 중심으로 업무를 진행하게 됩니다. 아울러 전년도 결산이 마무리되면 회계에서 작성된 재무제표를 기준으로 성과평가를 받게 됩니다. 이때 내가 속한 조직의 평가 결과와 사전에 확정된 평가 등급에 따라 내년도 연봉 인상률이 확정됩니다.

이처럼 회계는 회사생활의 A to Z, 그러니까 사업계획과 예산의 수립, 성과평가에 거쳐 절대적인 영향을 미치고 있다고 해도 과언이 아닙니다. 지금 내가 진행하고 있는 모든 업무들은 회사가 가진 일정한 규칙에 따라 수치로 변환됩니다. 그리고 나 자신은 물론 내 주변의 동료들에게도 큰 영향을 끼치게 되는 것이죠. 내가 담당하고 진행하는 소소한 업무들의 과정과 결과들이 모여서 손익을 구성하게 되니까요. 따라서 성과평가를 통해 결정되는 연봉 역시 회계의 영향을 받는 것입니다.

　얼핏 이러한 이야기는 너무 과장되었다고 생각하기 쉽습니다. 회사에서 우리가 하고 있는 일들은 너무나 다양하고, 숫자와 연결되지 않는 부분들도 너무나 많기 때문입니다. 하지만 이 모든 업무를 숫자로 만드는 일이 바로 회계의 과정입니다. 그리고 이 과정을 거쳐 나오는 최종적인 결과들을 모아 만든 것이 재무제표라고 생각하면 됩니다. 따라서 이 재무제표를 구성하는 숫자들의 의미를 이해하는 것이 우리가 회계를 배우는 중요한 목적이라는 점을 기억해 주시길 바랍니다.

✦ 업무의 전문성 살리기 ✦

"매출과 이익의 차이점을 정확히 설명하시오."

누군가 이런 질문을 던진다면 과연 뭐라고 대답할 수 있을까요? 우리가 일상적으로 자주 사용하는 단어들도 정작 그 차이를 설명하려고 하면 막막해지곤 합니다. 자주 들어서 익숙하고 이미 잘 알고 있는 것 같은 단어들이지만, 막상 그 정확한 의미와 유사 단어와의 차이를 설명해내는 것은 결코 쉽지 않습니다. 더욱이 전문적인 용어가 뒤섞여 있다면 그 맥락을 파악하는 것조차 쉬운 일이 아닙니다. 처음 회사에 들어와 업무를 시작하는 신입사원들을 힘들게 만드는 주요 요인 중 하나가 낯설고 이해하기 힘든 용어라는 점을 떠올려보세요. 특히 업무의 전문성이 강조될수록 용어를 제대로 이해하고 익히는 과정이 반드시 필요합니다.

회계도 마찬가지입니다. 대부분의 회계 용어들은 어려운 내용을 함축해놓은 표현들이 많습니다. 그래서 각 용어에 대한 이해가 부족한 상태에서 많은 정보를 접하게 되면 필연적으로 혼란이 발생할 수밖에 없습니다. 나름 굳은 의지를 가지고 야심차게 회계 교육을 수강해보지만 불과 2~3일만 지나면 머리가 아파오고 기운이 쭉 빠지는 것도 아마 이런 이유 때문일 겁니다. 그래서 회계 공부의 첫걸음은 지금껏 보편적으로 사용해온 회계 용어를 명확히 이해하는 것에서부터 시작됩니다. 수익과 비용, 매출원가와 이익, 분개 등과 같이 자주 접해왔지만 정확한 의미는 몰랐던 용어들을 익히면 좀 더 수월하게 회계 지식을 이해할 수 있습니다. 또한 이를 바탕으로 회계의 대표적인 결과물인 재무제표와 이 재무제표를 이루고 있는 각 계정과목에 대한 이해를 높이고 관리회계인 BEP 분석을 통해 우리 회사의 주요 제품에 대한 손익분기점을 파악할 수 있다면, 이 책의 궁극적인 목적은 달성되는 셈입니다.

그리하여 결과적으로 업무에서 적용되는 각종 재무비율과 그 안에 내재되어 있는 각종 수치의 연결고리들을 이해하고, 거기서 파생되는 결과까지 이해할 수 있다면 더할 나위가 없겠지요. 이것이 바로 각자의 업무에 회계를 적용하는 가장 기본적인 방법이며, 우리가 회계를 배우는 이유입니다.

물론 결코 쉽지 않은 과정이 될 것입니다. 회계 공부를 시작하는 사람들은 많지만 그 공부를 끝까지 끝내는 분들이 많지 않은 데는 다 그만한 이유가 있겠지요. 책 한두 권 읽는다고 하루아침에 회계 천재가 될 수는 없을 겁니다. 하지만 끈기를 갖고 이 책을 끝까지 읽는다면 틀림없이 그 어려움을 조금이나마 해소할 수 있을 겁니다. 회계 공부의 어떤 부분이 우리를 괴롭히는지, 어떤 시점에서 가장 포기하고 싶어지는지 저 역시 너무 잘 알고 있으니까요. 그래서 여러분의 완주에 도움이 될 만한 가장 현실적인 조언들을 드릴 수 있을 겁니다.

나만의 경쟁력 만들기

사내에서 회계 교육을 시행하면 다들 이렇게나 회계에 관심이 많았나 싶을 만큼 생각보다 많은 분들이 참석합니다. 그리고 간단한 회계 원리에 대해 모두 어렵지 않게 이해합니다. 그러나 재무상태표와 손익계산서를 지나 매출원가를 설명하는 시간에 이르면 어느새 대부분의 참석자들이 '그게 대체 무슨 말이죠?' 하는 난감한 표정으로 강사를 쳐다보고 있습니다. 가르치는 입장에서도 난감하기는 마찬가지입니다. 제 딴에는 가장 쉬운 용어를 고르고 골라서 설명해보지만 전혀 공감하는 분위기가 아니기 때문입니다. 그래도 어쩌겠어요. 회계를 배우려면 반드시 넘어서야 하는 과정인 걸요. 강사는 자신이 알고 있는 모든 지식을 동원해 열심히 설명해보지만 그럴수록 참석자는 더욱더 깊은 혼란에 빠지고 말지요. 앞의 말도 아직 다 이해를 못 했는데 더 어렵고 헷갈리는 단어가 차곡차곡 귓가에 쌓이기만 합니다. 그러니 '대체 내가 왜 여기서 이 고생을 하고 있는 거지?'라는 표정을 숨길 수 없게 되는 거죠.

그렇게 험난한 이론 교육 시간이 지나고 종합적인 결과로서의 사업별 손익과 현황, 전년도 실적을 비교하면 다시 한번 놀라운 일이 벌어집니다. 참석자들의 집중도가 놀라울 만큼 높아지기 때문입니다. 특히 경쟁사와의 비교·분석을 통해 우리가 나아가야 할 방향에 대해 이야기할 때 즈음이면 그 몰입도는 최고조에 이르러서, 궁금함을 참지 못하고 교육 중간에 질문을 하는 분들까지 등장합니다. 교육이 끝나고 나면 대체 이런 자료는 다 어디서 찾아오는 것인지, 이렇게 분석하는 방법은 무엇인지 등에 대한 질문이 쏟아집니다. "저도 이런 자료를 만들 수 있나요?"라고요.

그렇지만 너무도 당연하게 이런 자료들은 어느 날 하늘에서 뚝 하고 떨어진 것이 아닙니다. 여기저기 흩어지고 나눠져 있던 내용들을 잘 정리해서 전달하고자 하는 방향에 맞게 편집한 것이지요. 그저 그 자료가 이미지나 텍스트가 아니라 숫자라는 사실이 좀 다를 뿐입니다. 그렇다면 이 숫자들은 어떻게 모으고 어떤 기준으로 정리하는 걸까요? 그리고 그 기준은 회사마다 달라서 이직할 때마다 새로운 방법을 배워야만 하는 것일까요?

다행히도 회계는 어느 회사에서나 적용할 수 있는 공통적인 기준을 가지고 있습니다. 그리고 그 내용들은 모든 사람들이 함께 이해하고 알아볼 수 있게 잘 정리되어 있습니다. 그 공통 기준을 알고 업무에 적용할 수 있는 방법을 배우는 것이 회계 교육의 목표입니다.

제가 오랜 기간 기획업무를 진행하면서 가장 많이 고민하고 또 논의했던 부분은 바로 '숫자'였습니다. 회계 지식과 경험이 없었다면 결코 정확한 보고를 할 수 없었을 것입니다. 회계 공부 덕분에 숫자를 기초로 한 정확성이 높은 보고서를 작성할 수 있었고, 회사로부터 더 큰 신뢰를 얻을 수 있었습니다. 회계 공부를 통해 조직 내에서 저만의 경쟁력을 확보할 수 있었습니다.

나만의 경쟁력을 가진다는 것은 단순히 한 회사를 안정적으로 오래 다닐 수 있게 되거나, 원하는 때에 다른 회사로 쉽게 이직할 수 있게 된다는 의미만은 아닙니다. 타인으로부터 업무의 전문성을 '인정받는' 과정은 개개인의 자존감을 높이는 데도 크게 도움이 되기 때문입니다. '나는 누군가로 대체될 수 없는 이 분야의 전문가!'라는 자각은 자칫 매너리즘에 빠지기 쉬운 회사생활에 새로운 활력을 제공해줄 것입니다. 그러니 앞으로 내가 알고 있던 자료와 정보 위에 회계적인 숫자를 추가해보면 어떨까요? 보고서에 기초적인 회계 지식을 활용한 추가 데이터(매출 상승비율, 비용 절감비율, 타 회사와의 비교·분석 현황 등)를 간략히 기재한다면, 똑같은 시간을 들이더라도 완성도는 월등히 높아질 것입니다.

✦ 회계는 '회사의 언어'다 ✦

회계는 정보 전달을 하기 위한 하나의 수단이며, 그 목적은 회사의 정보를 이해관계자들에게 알려주는 것입니다. 이를 위해 정해진 기준 안에서 작성되고, 점검해 보고됩니다. 회계에는 회사가 일정 기간(보통 1년) 동안 진행된 경제적 사건을 기록하고 정리한 결과들이 포함되어 있습니다. 우리는 회계라는 수단을 통해 그 정보를 이해하고 분석하며, 그 과정을 통해 얻어낸 최종 결과물을 '재무제표(F/ S; Financial Statements)'라 부릅니다. 재무제표는 회사 내부 관계자들이 중요한 의사결정을 할 때 주요한 지표로 활용되고, 주주나 채권자, 거래처 등과 같은 외부 관계자들에게 회사의 경영활동에 대한 정보를 전달하는 역할을 합니다.

다행히 각 회사의 재무제표를 이루고 있는 용어와 형식의 본질은 크게 다르지 않습니다. 회사마다 소소한 차이가 있을 수 있지만 그 정도는 무시할 수 있는 수준입니다. 따라서 재무제표를 구성하는 공통적인 내용과 기준을 이해하면 타 회사의 재무제표를 해석하는 것도 어렵지 않습니다. 그리고 이 기준은 비단 우리나라 안에서만 적용되는 것이 아닙니다. 각국의 회계 기준이 조금씩 다르기는 하지만 전 세계적으로 일정 부분은 공통 기준을 따르고 있습니다. 그러니 그에 맞춰 작성되는 형식 또한 유사합니다. 예를 들면 매출에서 매출원가와 판관비를 제외하면 영업이익이 도출되는 것처럼 말입니다. 이러한 이유로 하나의 모회사가 여러 나라에 자회사로 진출해도 모두 하나로 연결되어 회계 기준을 준수할 수 있습니다.

회계의 기준은 법에 따라 규칙에 맞게 적용되고 있습니다. 만약 회사마다 제각각 기준이 달라서 내외부 관계자들이 서로의 재무제표를 이해하지 못하는 상황이 벌어진다면 그 혼란은 상상을 초월하는 수준이 될 것이기 때문입니다. 그렇게 되면 회사가 아무리 좋은 실적을 내고 이익을 발생시키더라도 그 모든 것이 무용해질 수밖에 없습니다. 각 회사가 자체적으로 내세우는 기준을 무턱대고 신뢰할 수는 없으니까요. 그렇기 때문에 재무제표를 구성하는 중요한 내용들은 회사의 내외부 관계자들이 적절한 판단을 할 수 있는 공통적인 기준에 맞춰 작성됩니다.

회계의 목적

재무제표는 재무상태표, 손익계산서, 현금흐름표 등과 같은 몇 가지 보고서로 구성되어 있습니다. 그중 손익계산서는 회계를 공부하는 사람들이 가장 처음 만나게 되는 자료인 동시에 가장 좌절감을 느끼게 만드는 자료입니다. 손익계산서를 이해하기 위해서는 '분개'를 알아야 하는데 이 부분은 외우기도 쉽지 않고 이해도 어렵기 때문입니다.

그러나 분개를 모른다고 너무 낙담할 필요는 없습니다. 현재 대부분의 회사에서 사용하고 있는 ERP 시스템은 분개를 자동으로 생성해 입력하도록 만들어져 있기 때문입니다. 그러니 우리는 분개를 잘하는 방법을 배울 것이 아니라, 분개된 자료를 어떻게 이해하고 해석해 업무에 활용할 수 있을지에 집중하면 됩니다.

사실 대부분의 회계 학습서와 자격증은 분개를 '하는' 방법을 기초로 작성되어 있습니다. 물론 저 역시 그와 동일한 과정을 거치며 회계를 배웠습니다. 일반적으로 분개를 배우지 않고는 우리에게 필요한 일정 수준의 회계 지식을 얻을 수 없다는 선입견이 너무도 강하기 때문입니다. 하지만 실제로 회사에서 일을 하다 보면 분개를 모르더라도 회계 정보를 충분히 활용해 중요한 업무를 처리하는 경우를 많이 접할 수 있습니다. 예를 들어 경영진 중에는 의외로 차변과 대변을 구분하는 방법을 모르는 사람들도 많이 있습니다. 하지만 회계적 정보를 활용해서 회사의 경영 방침이나 전략, 사업계획 등을 문제없이 수립하고 또 수행해나가고 있습니다. 마찬가지로 관련 보고서를 만드는 실무 담당자 중에도 분개를 모르는 경우가 많습니다. 그들은 분개를 모르고도 손익계산서와 재무상태표의 연결고리, 그리고 그것을 어떻게 회사의 전략으로 이용할 수 있는지 알고 있습니다.

결국 회계의 기본적인 흐름과 상관관계를 제대로 알고 그것을 업무에 적용하는 방법을 터득하면, 기존에 회계 지식의 필수 요소로 여겨졌던(특히 자격증 획득에 주요했던) 분개의 방식은 잘 몰라도 큰 문제가 되지 않습니다. 우리에게 정말 필요한 것은 회계의 방식을 이용해 사업을 원활히 진행해나가는 것이지, 회계 기준에 맞게 사업을 조정하는 것이 아닙니다. 즉 우리가 배우는 회계는 효율적인 조직생활을 해나갈 수 있는 훌륭한 수단일 뿐이지, 그 자체가 목적이 아님을 기억해주셨으면 좋겠습니다. 회계 지식을 통해 전체적인 회사 운영의 방향을 이해하고 그 안에 연결된 수많은 연결고리들을 찾아낼 수 있게 된다면, 어떤 업무를 맡게 되더라도 그것을 능동적으로 처리하는 데 큰 도움이 될 것입니다.

사업성 점검

앞서 회계는 정보를 전달하는 중요한 수단이라고 말씀드렸습니다. 그렇다면 회계를 통해 정보를 전달하는 이유는 무엇일까요? 여러 이유가 있지만 근간은 '사업의 적정성 검토'가 아닐까 합니다. 이 사업을 계속 진행해도 되는지, 혹은 멈춰야 하는지, 현재의 방법을 고수해도 되는지, 혹은 새로운 시도를 해야 하는지 등을 결정하기 위해서입니다. 사업과 관련된 이러한 주요 의사결정을 하기 위해서는 신뢰할 수 있는 자료가 필요하고, 회계 자료가 보여주는 몇몇의 숫자들은 그 결정을 돕는 데 무엇보다 중요한 요소이기 때문입니다.

우리는 회계 자료를 통해 수많은 정보를 얻을 수 있습니다. 우리가 판매하는 제품과 상품들이 시장에서 좋은 반응을 얻고 있는지, 우리가 사용하는 개발비와 각종 관리비용은 적절한 수준인지, 현재 회사가 내는 이익은 충분한 것인지를 몇몇 숫자를 통해 파악할 수 있습니다. 그리고 이 수많은 정보들을 토대로 현재 회사가 문제없이 운영되고 있는지, 어떤 부분에서 고전하고 있는지, 앞으로 개선해야 할 점은 없는지에 대해 고민하게 됩니다. 특히 주어진 회계 정보를 바탕으로 적절한 의사결정을 내림으로써 회사의 발전을 도모하는 것은 리더들의 가장 주요한 역할입니다.

또한 외부 관계자에게도 회계 정보는 반드시 필요합니다. 예를 들어 우리가 주식에 투자한다고 가정해봅시다. 해당 회사가 투자할 만한 가치가 있는지를 확인하려면 가장 먼저 그 회사의 재무제표부터 확인해봐야 합니다. 혹은 새로운 거래처와 외상거래를 하고자 한다면 해당 회사가 믿을 만한 곳인지, 차후에 대금을 회수할 수 있는지 확인하기 위해 재무제표를 확인해야겠지요. 이처럼 한 회사의 재무제표는 내부 직원 간의 원활한 의사소통을 위한 지표이자,

외부 고객에게 우리의 정보를 정확히 전달하고 설명하는 데 필요한 지표입니다. 따라서 매해 이러한 자료를 만들고 제출하는 것은 재무회계의 가장 큰 사명이라고 할 수 있습니다.

숫자 활용능력

그럼, 일선 업무에서 숫자를 활용하는 능력이란 구체적으로 무엇을 의미하는 것일까요? 회사에서 요구되는 업무의 범위는 세 가지 정도로 볼 수 있습니다.

가장 먼저 재무제표를 통해 작성된 각 숫자의 비율을 분석할 줄 아는 것입니다. 재무상태표와 손익계산서를 통해 회사의 안정성, 수익성, 성장성 등을 확인하고 부채비율과 매출원가율 등을 이해하며, 나아가 경쟁사의 현황과 비교할 수 있으면 됩니다.

다음으로 새로운 사업이나 제품계획을 수립할 때 필요한 수치를 예측할 수 있어야 합니다. 예를 들어 특정 사업의 손익분기점을 달성하기 위한 최소 매출이 얼마인지 추정하거나, 매출액이 ○○% 늘어났을 때의 영업이익 증가율을 예측할 때도 관련 회계 지식이 요긴하게 사용됩니다. 이러한 수치를 정확히 예측하기 위해 다양한 분석 기법들을 활용하게 되는데, 이 분석에 필요한 규칙에는 모두 회계적 기준이 적용됩니다.

마지막은 앞서 예측한 수치들을 검증하는 능력입니다. 지난 사업에 대한 예측 자료 수집이 완료되면, 이후 그 사업이 진행되었던 결과 자료를 바탕으로 이를 논리적으로 검증하는 작업이 반드시 진행되어야 합니다. 과거 이 수치를 목표로 잡았던 배경은 무엇인지, 그리고 그 과정은 적절했는지 등을 현재 나온 결과 자료와 하나씩 맞춰보는 것입니다. 물론 어렵고 시간도 많이 소요되겠지만, 의사결정을 진행했던 경영진에게 무엇보다 중요하고 필요한 것은 바로 이 검증의 결과물입니다. 흔히 부족한 점은 보완하고, 잘한 점은 더 확대하자는 말이 있습니다. 그 기준이 되는 것이 예측 수치를 검증한 보고서, 즉 사업 분석의 내용을 담고 있는 자료입니다.

많은 보고서를 보다 보면 때때로 몇 가지 연결 수식을 잘못 적용해서 잘못된 수치를 보고하는 경우들도 접하게 됩니다. 그 순간 보고자의 과거 경력과는 무관하게 그에 대한 신뢰도가 크게 떨어지게 됩니다. 그 반대의 경우도 있습니다. 조용히 자기 업무만 수행하던 직원이 어느 날 매출원가율, 손익분기점은 물론 고정비의 절감 요인과 경쟁사의 제품이익률까지 비교·분석한 보고서를 제출하면 정말 깜짝 놀라게 됩니다. 그리고 그 감탄은 리더들 사이에서 '저 직원을 우리 팀에 영입하고 싶다'는 보이지 않는 경쟁심까지 불러일으키게 됩니다.

보고서는 우리가 가지고 있는 업무능력을 대외적으로 표현해주는 훌륭한 수단입니다. 특히 회계의 기준과 규칙을 준수해 깔끔하게 만들어진 보고서 한 장은 오래도록 리더에게 당신의 이미지를 긍정적으로 각인시켜주는 요긴한 무기가 될 것입니다.

회계 자료 습득

업무를 하다 보면 회계에 관련된 자료를 찾아야 하는 경우가 종종 있습니다. 사실 말이 쉽지, 자사의 재무제표에 대한 정보도 부족한 상황에서 경쟁사의 재무 정보를 찾아 비교·분석하는 일은 빠른 속도로 처리하기 어려운 업무입니다. 하지만 이러한 모든 재무 정보를 모아둔 곳이 있습니다. 바로 금융감독원의 전자공시시스템입니다. 이 전자공시시스템(DART)*은 상장법인 등이 공시서류를 인터넷을 통해 제출하면 이용자가 인터넷으로 이를 조회할 수 있도록 하는 종합적 기업공시 시스템입니다.

그럼 전자공시시스템에 대한 설명에 앞서 우선 공시에 대해 알아보도록 하겠습니다. 공시란 주식이나 채권을 발행하는 회사가 자사의 사업실적이나 감사보고서, 경영상의 중요한 사건 등을 의무적으로 외부에 알리는 것을 말합니다. 공시에 사용되는 대표적인 문서 형식으로는 사업보고서, 감사보고서, 영업보고서 등이 있습니다. 그리고 현재 이 공시는 누구나 쉽게 금융감독원의 전자공시시스템을 통해 확인할 수 있습니다. 기업은 전자공시시스템을 통해 일정한 기준에 맞춰 공시서류를 인터넷으로 제출하고, 기준 준수 여부

---

* 2001년 도입된 금융감독원의 전자공시시스템 다트(DART: Date Analysis, Retrieval and Transfer System). 기업들의 주요한 경영 정보를 인터넷 사이트(dart.fss.or.kr)에서 확인할 수 있다. 2018년부터 비상장회사 중에서 다음 네 가지 기준 중 세 가지 이상에 해당할 경우, 외부 감사 의무 대상에서 제외되었다. 직전 사업연도 기준 (1)자산이 120억 원 미만 (2)부채 70억 원 미만 (3)매출액 100억 원 미만 (4)종업원 수 100명 미만.

와 내용의 확인을 거쳐 등록이 완료되면 이후에는 누구나 이 내용을 조회해 확인할 수 있습니다.

과거 문서로 제출되던 공시 방식이 지금의 모습으로 바뀌게 된 것은 1999년 금융감독원이 '전자공시 제도'를 도입한 이후입니다. 약 2년여 동안의 병행제출(문서+전자문서) 기간을 거쳐 2001년부터는 전자공시가 전면 시행되었습니다. 따라서 현재는 서면으로는 등록을 받지 않고 오로지 인터넷을 통한 전자문서로만 신청할 수 있습니다. 2007년에는 영문 서비스를 시작했고, 2012년에는 모바일 전자공시 서비스도 시작했습니다.

전자공시시스템의 도입과 운영은 회사와 투자자, 그리고 정부 모두에게 만족스러운 결과를 안겨주었습니다. 우선 회사 입장에서는 공시 자료의 제출처가 금융감독원으로 일원화되었기 때문에 동일한 내용의 문서를 한국거래소나 코스닥협회에 추가로 제출할 필요가 없어졌고, 해당 정보를 원하는 증권사나 투자자들에게 별도의 연락이나 안내를 할 필요도 없어졌습니다. 즉 업무 부담과 경비가 크게 줄어든 셈입니다.

투자자의 입장에서는 한 곳에서 다양한 회사의 정보를 쉽고 빠르게 파악할 수 있게 되었습니다. 언제 어디서나 제한 없이 원하는 회사의 주요 정보를 열람할 수도 있고요. 특히 재무 정보 파악은 물론 그 회사의 주요 경영 이슈들을 함께 확인할 수 있게 되었습니다. 이를 통해 현재 투자 중인 회사의 장기적인 사업 방향이나 투자 리스크 등도 좀 더 쉽게 예상할 수 있게 되었습니다.

정부 입장에서는 누구에게나 정보를 제공할 수 있는 행정의 효율성을 확보할 수 있게 되었습니다. 아울러 전자공시의 접수부터 최종 처리 결과까지 모든 과정을 전산화해 업무의 투명성을 인정받고 있습니다. 이는 결과적으로 신속한 정보제공을 통해 투자자들의 투자 환경을 개선해 국내 자본시장의 발전을 이끄는 데 큰 도움을 주고 있다는 점에서 높이 평가받을 수 있을 것입니다.

참고로 공시의 종류에는 네 가지가 있습니다. 첫째, 회사가 일정 기간 동안 회사의 사업과 재무상황, 경영실적 등에 대해 정기적으로 진행하는 정기공시가 있습니다. 이는 회사의 전반적 사항을 알려주는 것으로 정기적 사업보고서, 반기보고서 공시 등이 이에 해당됩니다. 둘째, 회사의 투자자들의 투자판단에 중요한 영향을 주는 경영 정보가 발생할 경우 의무적으로 알려주는 수시공시가 있습니다. 셋째는 회사에 관한 언론 보도나 소문, 투자 환경에 영향을 미칠 만한 소식에 대한 해명이나 설명을 담은 조회공시입니다. 그리고 마지막으로는 회사의 신규 사업계획이나 방향 등을 설명하는 자율공시가 있습니다. 참고로 자율공시는 회사 스스로 내용을 밝히는 경우입니다.

이러한 공시의 목적은 회사에 투자한 투자자를 보호하기 위함이 가장 큽니다. 하지만 내부 직원들에게도 공시 자료는 주요한 정보 공개원이 됩니다. 자신이 다니고 있는 회사의 재무 정보와 주요 사업 방향과 계획 등을 손쉽게 확인할 수 있기 때문입니다. 또한 경쟁사의 재무 정보나 사업 내용을 비교·분석하고 싶을 때도 아주 유용합니다.

- 회계로 경영진과 소통하기
- 업무를 보는 안목 기르기
- 실무에 써먹는 회계 공부

직장에서
살아남는 법

✦ 회계로 경영진과 소통하기 ✦

회사생활을 할 때 늘 듣게 되는 이야기가 있습니다. 회사가 원하는 것이 무엇인지, 또 회사가 어떤 방향으로 가고 있는지에 항상 관심을 가지라는 것입니다. 실제로 회사는 항상 직원들에게 회사의 비전과 미션, 기업문화 등을 지속적으로 교육하고 있습니다. 회사에서 시행하는 다양한 형태의 교육들도 결국은 같은 메시지를 전달하기 위한 변주입니다.

그렇다면 왜 회사는 늘 우리에게 비전과 미션을 교육할까요? 왜 매번 뻔해 보이는 이야기를 하염없이 반복하는 걸까요? 그건 우리의 업무 생산성과 효율을 높이기 위함입니다. 우리가 하고 있는 일이 최종적으로 어떤 목표를 향하고 있는지, 그리고 그것이 이루어졌을 때의 모습을 상상하게 함으로써 우리의 업무 방향을 명확하게 해주는 것입니다. 나아가야 할 목표가 명확할 때와 명확하지 않을 때의 결과물은 다를 수밖에 없으니까요.

그런데 문제는 같은 방향을 제시한다고 하더라도 그것을 받아들이는 사람에 따라 해석이 한없이 달라진다는 데 있습니다. 나름대로 애써 만들어낸 결과물이 엉뚱하게 나와버리면 어떨까요? 당연히 회사에 큰 손실이 돌아가겠지만 개인에게도 큰 손해가 될 것이 분명합니다. 자신이 했던 노력들이 모두 무용한 것이라는 생각이 든다면, 결국 회사를 위해 아무리 노력해봤자 달라질 것이 없다는 마음이 들수밖에 없으니까요. 따라서 대부분의 회사는 회사가 나아가야 할 방향을 구체적인 수치로 만들어 구성원에게 제시합니다.

예를 들어 매해 팀 혹은 본부 단위에서 설정하는 성과목표 설정서를 떠올려보세요. 매출액 달성, 매출 이익 달성 등의 명확한 숫자로 KPI(핵심성과지표)를 설정하고 있다는 것을 눈치챌 수 있을 겁니다. 결국 회사가 원하는 것은 이 사업을 통해 이익을 창출해서 회사를 성장시키는 것이고, 그 성장의 모습을 가장 효율적으로 공유하기 위해서는 구체적인 수치를 활용할 수밖에 없습니다. 그리고 이때 기준이 되는 수치들은 모두 예외 없이 회계적 지식을 기반으로 만들어집니다. 따라서 경영진은 이 숫자의 원리를 깨닫고 실행해주는 직원을 선호할 수밖에 없는 것입니다. 그 숫자가 매출이든, 이익이든 결국 회사의 발전을 이루게 하는 주요한 요소인 것은 변함이 없습니다.

숫자로 소통하고 숫자로 구성된 회사라는 조직 안에서 살아남기 위해서는 숫자가 가진 함의를 충분히 이해하고 활용하는 것이 중요합니다. 그것이 바로 직장인들이 회계를 알아야 하는 이유이자 경영진이 원하는 업무 방향이기도 합니다.

✦ 업무를 보는 안목 기르기 ✦

앞서 회사는 자사의 나아갈 바를 비전과 미션으로 정리해 지속적으로 내부 조직원들에게 교육한다는 이야기를 해드렸습니다. 하지만 내부 사정을 자세히 살펴보면, 많은 직원들이 회사의 비전과 미션을 자신과는 상관없는 머나먼 이야기로만 생각하곤 합니다. 그 이유는 실제 직원들은 자신의 바로 눈앞에 떨어진 문제를 해결하기에 바쁘거나, 당장 진행해야 할 업무의 방향이 틀어지지 않기를 바라기 때문입니다. 즉 짧은 시간 안에 처리해야 하는 업무를 진행하는 데 더 급급한 실정입니다. 이러한 상황에서 비전과 미션에서 드러나는 회사의 중장기적 방향과 직원이 실무에서 희망하는 일상 업무의 방향은 서로 달라지기 마련입니다. 이것이 바로 경영진과 실무진이 서로 긴밀하게 연결되기 어려운 지점입니다.

하지만 실상을 자세히 들여다보면, 이러한 것들은 모두 하나의 기나긴 선으로 연결되어 있습니다. 개개인의 실무와 업무를 더해보면 팀 단위의 업무가 모두 포함되어 있습니다. 이러한 팀 단위 업무가 모여 본부가 되고, 본부 단위가 모여 부문 단위, 부문이 모여 회사 전체를 구성하는 하나의 커다란 순환고리가 만들어지는 것입니다. 결국 직원 하나하나의 업무가 모여 회사를 이끌어가는 것입니다. 그러나 사실 이런 모습은 눈에 잘 보이지 않습니다.

내가 하고 있는 업무가 회사의 어떤 것과 연결되어 있는지 알고 있는 사람은 사실 많이 없습니다. 1년, 2년 연차가 늘어나고 업무를 하나둘씩 배워나갈수록 위로 연결된 업무가 점점 더 보이기 시작할 겁니다. 그 방향이 눈에 들어오게 될 때 '아 이것이 정말 회사가 원하는 것이구나.' 하는 생각을 갖게 됩니다. 그리고 그 생각은 결국 처음에 회사가 만든 비전과 미션에 자연스럽게 연결되어 있음을 느끼게 되죠.

그럼 이러한 것들을 파악할 수 있는 능력은 언제쯤 생기게 되는 걸까요? 좀 더 빠르게 알 수 있는 방법은 없을까요? 업무를 정확하고 빠르게 처리한다고 해서 알게 되는 것은 결코 아닐 것입니다. 무언가 다른 관점으로 접근하는 방법이 필요합니다. 좀 더 쉽게 설명하기 위해 곤충의 눈과 새의 눈으로 예를 들어보겠습니다. 업무를 좀 더 자세하고 세밀하게 볼 수 있는 능력을 '곤충의 눈'으로 비유한다면, 업무를 더 넓고 멀리 바라볼 수 있는 능력은 '새의 눈'으로 비유할 수 있습니다. 처음 회사생활을 하는 사람은 당연히 더 깊고 정밀하게 업무를 분석하고 파악하지만(곤충의 눈), 어느 정도 숙달이 되면 이 업무에 과연 어떤 의미가 숨어 있는가 하고 한 단계 더 발전된 생각을 가지게 됩니다(새의 눈). 이것이 바로 경력이 쌓이고 직급이 올라갈수록 더더욱 많은 것들을 한눈에 담을 수 있게 되는 '업무의 안목'입니다.

이런 위치에 오르게 되면 그동안 진행해왔던 업무의 격이 다르게 느껴집니다. 그렇게 되는 순간, 어쩌면 후회할 수도 있고 아쉬워할 수도 있습니다. '이렇게 했으면 그때 더 인정받을 수 있었는데.' '조금만 더 깊게 생각하고 진행했으면 좋았을 텐데.' 하는 안타까운 마음이 들지요. 하지만 이런 마음을 가지게 되는 것은 결국 시간이 흐르고 난 뒤입니다. 다행히 이 모든 것을 좀 더 빨리 깨달을 수 있는 방법이 있습니다. 바로 회계를 활용하는 방법입니다. 그리고 이 방법은 경영진이 간절히 원하는 방법이기도 합니다.

회계를 활용한다는 게 무슨 뜻일까요? 사실 이 방법은 어느 회사에서나 공통적으로 적용되는 방법입니다. 그것은 회사의 재무제표를 먼저 찾아보고, 그 안에 숨겨진 숫자와의 관계를 파악하는 것입니다. 그리고 숫자 안의 관계가 현재 진행하고 있는 업무와 어떤 연결 관계가 있는지 파악하는 것입니다.

경영진이 원하는 회계의 활용

'회계에 대한 이해'가 '경영진이 원하는 업무 방향'이라는 이야기는 기존에 우리가 알고 있던 상식 밖의 이야기일지도 모릅니다. 하지만 예를 하나 들어 설명해볼게요. A직원과 B직원이 있습니다. 두 직원의 공통된 업무는 팀 내 판관비를 관리하는 일입니다. 두 직원 모두 최선을 다해 비용을 절감하기 위해 노력합니다. 그런데 결과적으로 A직원이 관리한 비용은 예산보다 크게 늘어났고, B직원이 관리한 비용은 예산보다 줄었습니다. 그렇다면 A직원은 업무에 실패하고, B직원은 성공적으로 업무를 처리한 것일까요? 아니요, 그렇지 않습니다. 성패를 따지기 전에 우리는 A직원과 B직원의 업무 성격을 확인해봐야 합니다.

만약 A, B 두 사람이 관리하고 있는 판관비가 고정비의 성격을 가진 것이라면 당연히 실제 사용 금액을 절감한 B직원이 효율적으로 업무를 수행한 것이 맞습니다. 예산을 초과한 A직원은 관리에 실패했다고 할 수 있겠죠. 하지만 만약 이 비용이 변동비적 성격을 가진 것이었다면 어떨까요? 변동비는 매출에 따라 함께 움직이는 비용입니다. 제품이 많이 판매된다면 당연히 이 제품을 운반하는 데 드는 운임료는 늘어날 수밖에 없습니다. 결제 과정에서 발생하는 수수료도 높아질 수밖에 없지요. 이것은 A, B 두 직원의 관리 영역을 벗어난 일들입니다. 그러니 덮어놓고 A직원은 업무에 실패했다거나 B직원은 업무에 성공했다고 단정지어 말할 수 없습니다.

A, B 두 직원 역시 업무를 맡았을 때, 단순하게 비용을 줄이는 것에만 중점을 맞출 것이 아니라 내가 관리해야 하는 계정의 성격이 무엇인지를 파악하는 것이 더욱 중요합니다. 손익계산서에서 해당 계정과목을 찾고, 이 계정의 특성을 확인하고 나면 실무에서 해야 할 일의 방향이 명확해집니다. 만약 관리 계정이 고정비라면 가급적 줄여나가는 것이 올바른 업무의 방향입니다. 하지만 변동비라면 단순히 비용 절감에만 집중해서는 안 됩니다. 비용을 줄이는 목적과 방향이 명확해야 하고, 장단점 또한 꼼꼼히 잘 따져봐야 합니다.

결과적으로 회사가 원하는 것은 올바른 회계 방식을 통해 불필요한 비용을 줄이되, 고정비와 변동비를 구분해 각각의 성격에 맞게 절감 방법을 찾는 것입니다. 그리고 이러한 방법이 실무에 적용되어 예측했던 결과(비용 절감)를 가져오게 된다면 그것이 실무자의 가장 큰 성과가 될 것입니다. 물론 어렵고 힘든 과정입니다. 하지만 성공했을 때의 보람과 희열도 굉장히 클 수밖에 없습니다. 회사 역시 이 사실을 잘 알고 있으므로, 이 업무를 수행한 실무자에게 고마운 마음을 가질 수밖에 없을 것입니다.

✦ 실무에 써먹는 회계 공부 ✦

모든 공부가 그러하겠지만, 회계 역시 기본적인 원리를 잘 파악하고 원리와 연계해 순차적으로 다음 원리에 접근하면 큰 어려움 없이 공부할 수 있습니다. 다만 시작하는 단계에서 접하는 어려운 용어와 많은 수식에 지레 겁을 먹어 '원래 회계는 어려운 것'이라는 선입견을 품는 경우가 많을 뿐입니다.

따라서 이 책은 회계의 용어에 대한 내용을 집중적으로 설명하고, 재무제표의 종류와 각각의 특성에 대해 설명하는 방식으로 구성되어 있습니다. 계정분류, 분개, 회계 공식을 연결한 방식 같은 문제풀이 중심의 구성은 가급적 자제할 예정입니다. 회계에 대한 큰 그림을 그릴 수 있을 수준의 기초적이고 핵심적인 내용들만 중점적으로 다루도록 하겠습니다. 너무 기초적인 내용만 다루는 것처럼 느껴져서 전문적인 회계 지식을 기대했다면 실망하게 될 수도 있습니다. 그러나 지금껏 다양한 회계 관련 서적을 읽으며 느꼈던, 또 현업에서 직접 회계업무를 담당하며 겪었던 아쉬움과 어려움을 복기하며 '이것만은 꼭 전달해야겠다.' 하는 부분만 선별해 정리했다는 점을 알려드리고 싶습니다.

이 책에서 설명드릴 회계 이야기는 일반적인 회계 학습서가 가지고 있는 흐름과 유사합니다. 어떤 공부를 시작해도 가장 먼저 배우는 것은 정해져 있습니다. 한글을 배울 때 '가나다'를, 영어를 배울 때 'ABC'를 익히게 되는 것처럼 말이죠. 앞서 말씀드린 바와 같이 이 책은 입문서의 성격을 띠고 있으므로 기초적이고 쉬운 내용들로 구성되어 있습니다. 다만 회계를 처음 접하는 분들이 거부감을 갖지 않을 수 있도록 재무회계의 전체적인 내용들을 '이야기'로 풀어내려고 노력했습니다.

본격적인 회계 공부를 시작하기에 앞서 기본적인 지식들을 탄탄히 쌓음으로써 앞으로의 회계 학습 과정에서 실패를 최소화할 수 있도록 도움을 드리고자 합니다. 따라서 한 부분씩 단편적으로 읽기보다는 처음부터 끝까지 훑으며 전체 흐름을 따라가는 것을 추천드립니다. 손익계산서, 재무상태표, 현금흐름표, 손익분기점(BEP), 재무비율 분석 순으로 읽어나가다 보면 내용의 난이도가 조금씩 높아질 것입니다. 혹여 중간에 잘 이해가 가지 않는 용어가 나오더라도 그냥 그대로 넘어가시고, 책을 다 읽은 다음 그 부분만 다시 한번 반복해서 읽어보기를 권합니다.

회계를 이해하는 가장 확실한 방법은 반복학습입니다. 물론 개개인이 선호하는 별도의 학습법이 존재할 수 있고, 그 방식으로 공부하는 것도 당연히 가능합니다. 다만 중요한 내용은 반복적으로 학습해 충분히 습득하는 것이 무엇보다 중요하다는 사실은 잊지 마세요. 충분히 이해했고 '내 것'이 되었다고 생각한다면 그때는 다른 사람에게 그 내용을 설명해보세요. 상대가 쉽게 그 내용을 이해한다면 이후에는 어떤 회계 서적을 읽어도 막힘이 없을 겁니다.

나무보다 숲을 보는 눈

회계를 어려워하는 사람들은 대개 '부기'가 나오면 내용 자체에 흥미가 떨어져 공부를 포기하곤 합니다. 부기를 잘 넘겨도 새로운 용어가 많이 나와 혼란스럽거나 용어들 간의 연관성을 알기 힘들어지면 책을 들여다보기가 싫어집니다. 그리고 마지막으로 '분개'가 등장하면 그만 책을 덮어버립니다. 더 이상 진도가 나가지 않기 때문입니다.

회계를 공부하는 많은 분들이 공통적으로 위와 같은 어려움을 토로합니다. 그렇다면 이건 과연 회계를 배우는 학습자의 문제일까요? 결코 그렇지 않습니다. 회계가 어렵게 느껴지는 건 당연한 일입니다. 회계의 구조가 자세한 설명을 동반하는 모델이 아니기 때문입니다. 보통의 회계 관련 서적은 일반인들이 필요로 하는 쉬운 설명보다 실무 중심의 분개와 계산, 어렵고 지루한 반복학습이 주를 이루고 있습니다. 그냥 '눈에 익히고 기계적으로 반복'하라는 거죠. 그래서 복잡하고 어렵습니다.

　이런 어려움은 회계를 처음 배우는 학습자에게만 해당되는 것일까요? 아니요, 그렇지 않습니다. 기존에 회계업무를 담당했던 분들도 관련 자격증을 취득하고자 학원을 다니게 되면 똑같이 어려워합니다. 왜냐하면 본인들이 한 번도 접해보지 못한 내용과 문제가 나오기 때문이지요. 그 말은 즉 실무에서 다루어보지 않았던 계정과목과 분개에 대한 내용들이 문제로 나온다는 의미입니다.

　그럼 실무자가 이런 문제를 풀지 못한다고 해서 업무능력이 떨어진다고 할 수 있을까요? 회계의 범위는 너무도 넓고 광대해서 그 많은 내용을 다 알고 있는 것이 사실 불가능합니다. 회계의 기준이 수시로 변하기도 하고요. 이는 곧 본인의 업무에 적합한 부분 위주로 익혀서 실무에 효율적으로 적용하는 것이 훨씬 효과적인 학습법이 될 수 있다는 뜻이기도 합니다. 하지만 무엇보다 중요한 것은 직접 해봐야 한다는 점이겠죠. 재무회계라는 용어 자체가 주는 두려움 때문에 아예 회계 공부를 시작조차 하지 못하는 경우가 너무나도 많으니까요. 그러니 다시 기본적인 원리들로 돌아가보자고 말씀드리고 싶습니다.

회계의 전반적인 흐름을 제대로 읽어내어 '나무보다는 숲을 볼 줄 아는 눈'을 키워야 합니다. 개별적인 분개나 부기를 아는 것보다는 재무상태표와 손익계산서, 현금흐름표의 연관 관계를 정확히 아는 것이 더 중요합니다. 사실 회계업무 담당자가 아닌 이상 우리가 직접 분개를 하게 될 일은 많지 않습니다. 해야 할 이유도 많지 않고요. 그저 우리는 그 숫자가 의미하는 뜻, 과정, 향후에 미칠 영향 등만 이해하면 됩니다. 이렇게 회계의 전반적인 흐름을 볼 줄 아는 눈을 키우면 그때부터는 어떤 회사의 재무제표를 봐도 어려움 없이 분석할 수 있을 것입니다.

회계의 과정을 거쳐 나오는 최종적인 결과들을 모아 만드는 것이 재무제표입니다. 재무제표를 구성하는 숫자들의 의미를 이해할 수 있게 되는 것, 이것이 우리가 회계를 배우는 중요한 목적입니다. 재무제표의 구성 요소인 손익계산서와 재무상태표, 현금흐름표를 이해하고 분석하는 능력을 갖춘다면 회사의 현 재무상태와 경영 성과 그리고 현금의 흐름까지 파악할 수 있습니다. 아울러 이를 자신의 업무와 연관 지어 분석해보는 습관을 가진다면 업무를 바라보는 통찰력이 생겨날 것입니다.

PART 2

직장인, 일단
회계부터
배웁시다

- 회계의 용어
- 회계의 종류
- 회계의 원칙과 기준

회계 기초 다지기

✦ 회계의 용어 ✦

이제 본격적으로 회계에서 사용되는 기본적인 용어들을 살펴보겠습니다. 지금부터 설명드릴 용어들은 회계 담당자가 실무에서 주로 사용하는 용어들이기 때문에 일반 기획 보고서 등에서는 사용 빈도가 높지 않습니다. 그러니 용어가 낯설고 이해가 잘 되지 않는다고 낙담할 필요는 없습니다. 실제 회계업무에 사용되는 용어들이지만, 우리가 읽고 쓰고 분석해야 할 일반적인 업무 보고서에 기재되는 경우는 거의 없기 때문입니다. 따라서 완벽하게 이해하려고 하기보다는 그냥 '실무적으로 이런 용어가 있구나.' 하고 알아두면 좋습니다.

거래

'거래'라는 말은 판매자와 구매자가 물품이나 서비스를 매매하는 행위를 말합니다. 이때 '거래'라는 말을 성립시키기 위해서는 몇 가지 조건이 충족되어야 합니다. 우선 경제적 사건이어야 합니다. 그리고 이 사건이 회사의 재무상태에 영향을 끼쳐야 합니다. 즉 해당 행위로 장부상의 숫자가 변화해야 한다는 뜻이지요. 마지막으로 거래를 통해 생긴 영향을 금액으로 측정할 수 있어야 합니다.

예를 들어 외국에서 기계를 사기 위해 주문을 한 경우, 그리고 건물의 매각을 위해 계약을 하는 경우를 생각해보겠습니다. 이 두 사례는 모두 회계상의 거래로 분류되지 않습니다. 왜냐하면 주문이나 계약을 하는 행위만으로는 재무상태에 영향을 미치는 경제적 사건이라고 말할 수 없기 때문입니다. 반면에 기계 매입을 위해 계약금을 지급했거나, 건물 매각을 위해 계약금을 받은 경우에는 회계상 거래에 해당됩니다. 계약금을 수령하거나 지급하는 것은 재무상태에 변화를 가져오는 경제적 사건으로, 그 지급액을 금액으로 표시할 수 있기 때문입니다. 즉 계약서에 서로 사인을 하고 계약 조건을 확정하는 과정은 일반적으로 법률적인 책임과 의무에 의해 '거래'의 조건을 충족했다고 볼 수 있으나, 회계에서는 결정적으로 '금액'을 숫자로 표기할 수 있어야만 진정한 '거래'로 인정한다는 의미입니다. 경제적 사건을 '화폐'의 단위로 기록하고 관리하는 것이 회계의 가장 큰 특성이기 때문입니다. 이러한 '화폐' 단위의 의무와 책임이 장부에 기재되고, 그것이 모여 하나의 재무제표를 구성하게 됩니다.

부기와 분개

부기(簿記)는 '거래를 장부에 옮겨 적는다'는 의미입니다. 일반적으로 앞에서 언급한 '거래'가 발생하면 공급받는 물건의 금액, 수량, 종류, 넘겨주는 장소, 받는 시기 등 여러 가지 정보가 발생하는데, 이런 내용들을 상세하게 협의하고 기재해 상호 확인하는 증서가 거래계약서입니다. 그리고 이 계약 조건에 맞춰 발생하는 회사의 재무적인 변화(매출과 비용의 변화 등의 정보)를 장부에 기록하는 것을 우리는 '부기'라고 부릅니다. 부기에 대해 이해하기 위해서는 우선 '분개'라는 과정을 알아둬야 합니다. 이 분개가 바로 회계를 배우는 분들을 좌절의 늪으로 빠트리는 원인 중 하나입니다. 우리가 분개를 어렵게 느끼는 이유는 분개의 의미를 이해하기 어려워서라기보다 그 과정이 너무도 복잡하게 느껴지기 때문일 겁니다.

분개(分介)라는 이름을 풀이하면 '나누어 가지를 친다'는 뜻으로, 거래가 발생하면 하나하나 쪼개고 나누어 장부에 기록한다는 의미입니다. 분개야말로 회계의 시작이라고도 할 수 있습니다. 분개를 하기 위해서는 사전에 두 가지 공식을 알고 있어야 합니다. '자산=부채+자본'이라는 등식과 '차변=대변'이라는 등식입니다. 이러한 회계 등식은 재무상태표에 대해 설명드릴 때 다시 한번 언급하기로 하고, 여기서는 차변과 대변에 대해서만 간단히 설명하겠습니다.

차변(借邊)은 장부의 왼쪽, 대변(貸邊)은 장부의 오른쪽을 의미하는 용어입니다. '1+1=2'라는 등식이 변하지 않는 것과 마찬가지로 차변은 왼쪽, 대변은 오른쪽이라는 원칙은 회계에서 결코 변하지 않는 원칙입니다. 그 외에 부가적인 의미는 없습니다. 한자의 뜻대로 '빌려온다' '빌려준다'의 의미로 해석했다면 이상하다고 여길지도 모르지만 사실상 그 해석과는 큰 상관이 없습니다. 그저 과거에서부터 이어져온 하나의 관습으로 이해하시면 됩니다. 참고로 영어로는 차변을 Dr.(debit), 대변을 Cr.(credit)로 표기합니다. 물론 이 역시 해석과는 별다른 상관이 없습니다. 차변과 대변, 왼쪽과 오른쪽을 구분하는 방법은 '거래의 8요소'라는 기준에 맞추어 진행합니다. 그리고 무엇보다 중요한 것은 차변과 대변에 기재하는 금액의 숫자가 서로 같아야 한다는 사실입니다. 이것을 전문용어로 '대차평균의 원리'라고 합니다.

분개의 과정을 거쳐 차변과 대변을 정하면 비로소 장부에 기재하게 됩니다. 이 행위가 위에서 말한 '부기'입니다. 부기는 복식부기와 단식부기로 나뉩니다. 한 가지 예를 들어보겠습니다. 만약 은행에서 대출을 받았다고 생각해보세요. 우리의 자산(현금)이 증가하는 것은 부채(대출금)가 증가하기 때문인 거죠. 이렇게 원인이 아닌 거래의 결과만을 기재하는 방법이 존재하는데, 이를 '단식부기'라고 부릅니다. 이는 원인과 결과 중 한쪽에만 초점을 맞춰 '입금-출금=잔액'으로 장부를 작성하는 방식입니다. 흔히 일상생활에서 사용하는 가정의 가계부가 이 '단식부기'의 구조입니다. 작성법이 간단하고, 누구나 쉽게 알아볼 수 있다는 장점이 있습니다. 하지만 다양한 거래 내역 속에서 현금 이외의 변동 내용과 거래처에 따른 거래 관계를 일일이 확인하고 찾아내기가 사실상 불가능하다는 단점도 있습니다.

복식부기는 단식부기와 달리 거래의 발생원인과 결과를 동시에 기록하는 방식이기 때문에 장부를 효율적이면서 효과적으로 관리할 수 있습니다. 대차평균의 원리가 적용되는 구조가 바로 '복식부기'의 구조입니다. 회계에서는 거래의 원인과 결과를 내역별로 찾기 쉽게 구분하는 복식부기를 활용합니다. 이때 차변과 대변의 합계를 일치시켜야 하므로, 이 기준을 통해 기장(記帳)에 착오는 없는지 검증할 수 있게 됩니다.

계정과 계정과목

"이건 대체 어느 계정으로 잡아야 하는 거지?" 업무 중에 한 번쯤은 이런 질문을 해보셨을 겁니다. 계정은 실무 대화에서 가장 많이 사용되는 용어 중 하나입니다. 하지만 어느 계정이 손익계산서에 속하는 것인지, 재무상태표에 속하는 것인지 구분할 수 있는 사람은 그리 많지 않을 겁니다.* 계정과목은 또 어떤가요? 급여, 복리후생

---

* 재무상태표에 기록되는 자산, 부채, 자본 계정을 재무상태표계정이라고 하고, 손익계산서에 기재되는 수익, 비용 계정을 손익계산서계정이라고 한다.

비, 광고선전비, 지급수수료 등의 계정과목은 늘 익숙하게 사용하지만 '무형자산손상차손환입'이나 '종속기업투자손상차손' 등의 계정과목은 그저 낯설기만 할 겁니다.

계정(account)이란 거래의 성격을 쉽게 표시하고 기록, 계산하기 위해 항목별로 나누어놓은 기본적인 정보의 단위입니다. 이 계정을 통해 재무제표의 각 항목들이 만들어집니다. 즉 계정은 분개를 할 때 거래의 성격을 간단명료하게 처리할 수 있도록 사전에 정해놓은 고유명칭입니다. 그리고 항목별로 설정되는 계정 주체의 명칭을 우리는 '계정과목'이라고 부릅니다. 쉽게 풀어 다시 설명하면 계정은 하나의 폴더, 계정과목은 그 폴더에 들어가는 파일의 이름이라고 생각하면 됩니다. 자산, 부채, 자본, 수익 및 비용이라는 폴더(계정) 안에 각각 현금이나 매출채권, 선수금이나 차입금, 자본금, 매출과 이자수익, 이자비용과 급여 등의 파일(계정과목)이 속하게 된다고 기억해두세요. 실무에서 쓰이는 계정과목을 익히고 알아두면 업무의 성과를 높이는 데 도움이 될 것입니다.

다시 한번 내용을 간단하게 정리해보겠습니다. 회사에서 어떤 거래가 발생해 재산에 변동이 생겼다면 우리는 반드시 이것을 장부에 기록해야만 합니다. 이때 장부를 효율적으로 관리하기 위해 거래의 원인과 결과를 내역별로 모두 기재해야 합니다. 계정구분이라는 기준에 따라 차변(왼쪽)과 대변(오른쪽) 중 어느 쪽에 기록할 것인지 결정하고 기입하는 작업을 '분개'라고 부릅니다. 참고로 계정과목의 명칭은 대부분의 회사에서 동일하게 사용되며, 배열되는 순서 또한 거의 비슷합니다. 결과적으로 회계에서 말하는 '회계처리했다'는 뜻은 거래를 통해 주고받은 증빙을 기초로 해 계정과목을 부여하고 이를 각 장부에 적어 넣는 과정을 완료했다는 의미입니다.

전기

앞에서 거래 내역을 계정과목별로 구분해 기록하는 것을 '분개'라고 말씀드렸습니다. 이때 분개한 것을 기록하는 장부를 '총계정원장'이라고 합니다. '총계정원장'은 용어 그대로 모든 거래의 내역과 계정과목을 기록한 메인 장부입니다. 이 장부에 기록된 내용은 각 계정과목별로 다시 옮겨 적게 되는데요. 이는 거래의 주요한 사항을 쉽게 찾아보기 위함입니다.

예를 들어 회사에서 홍보를 목적으로 비용을 사용했을 때의 계정과목은 '광고선전비'입니다. 그런데 모든 광고선전비의 총사용 비용을 알고 싶을 때, 모든 거래의 내역들이 기재된 총계정원장에서 이를 하나하나 찾아내는 것은 굉장히 불편합니다. 그래서 '전기(轉記)'라는 과정을 통해 각 계정별로 금액과 내용을 분리해 관리합니다. 한마디로 전기란 '메인 장부의 내용을 보조 장부로 옮겨 적는 일'이라고 생각하시면 됩니다. 과거에는 매번 각 항목을 하나하나 비교해 전기를 했지만, 최근에는 ERP의 발달로 분개 후에 자동으로 총계정원장과 각 계정과목별 거래원장이 기록됩니다.

계상

'계상'이란 '계산해 올린다'라는 사전적 의미를 가지고 있습니다. '전기'를 통해 계정과목별 장부에 내역을 기재하는 것이 계상입니다. 또 실무에서 '회계처리해 적용하다'라는 뜻으로 사용하기도 합니다. 그렇다면 전기와 계상은 같은 뜻일까요? '전기'는 각 계정과목별로 구분하는 것이고, '계상'은 구분된 금액을 장부에 올려 합쳐놓는 것이라고 구분하시면 됩니다.

대체하다

'대체하다'는 어떤 금액을 특정한 하나의 계정에서 다른 계정으로 이동시켜 옮겨 적는 것을 의미합니다. 말 그대로 '다른 것으로 대신하다'라는 뜻으로, 실무적으로는 특정 계정의 금액을 다른 계정에 이기해(옮겨 적어) 채권과 채무를 서로 연결해 결제하는 것을 뜻합니다.

✦ 회계의 종류 ✦

회계는 크게 세 가지로 분류할 수 있습니다. 먼저 우리가 일반적으로 알고 있는 재무회계, 국가에 세금을 내기 위해 과세소득을 측정하는 세무회계, 회사 내부에서 관리를 위해 사용하는 관리회계입니다. 그리고 각각의 회계는 작성 목적, 보고 형태에 따라 조금씩 다른 형식과 목적을 가집니다.

재무회계

재무회계(financial accounting)는 표현 그대로 재무제표 작성을 위한 회계입니다. 재무제표의 주된 목적은 주주, 채권자 등 외부 관계자에게 회사의 상황을 보여주는 것이기 때문에 기존에 합의된 규칙과 기준, 양식을 적용해 작성해야 합니다. 외부 관계자들이 다른 회사와 비교·분석하기 쉬워야 하니까요. 우리가 흔히 말하는 회계는 이 재무회계를 의미합니다. 이 재무회계는 회계의 근간을 이루는 가장 중요한 부분입니다. 재무회계의 재무제표가 작성되면 이를 근거로 세무회계와 관리회계 실무가 진행되기 때문입니다.

세무회계

세무회계(tax accounting)는 정부나 국가에 세금을 내기 위한 회계입니다. 일반적으로 재무회계를 기준으로 작성하지만 계산 방식은 조금 다릅니다. 재무회계와 세무회계의 가장 큰 차이점은 이익의 기준이 다르다는 점입니다. 재무회계의 재무제표, 즉 회계 기준에 따라 작성된 재무제표상의 당기순이익을 기초로 손금(비용)과 익금(이익)의 계산 과정을 한 번 더 거쳐 정확한 과세소득을 계산하게 됩니다. 전문적인 용어로 '익금산입' '익금불산입' '손금산입' '손금불산입'이라고 부르는 4개의 과정입니다. 그리고 이 과정을 '세무조정'이라고 합니다. 이런 차이가 발생하는 이유는 재무회계와 세무회계에서 각각 비용을 인정하는 시기와 범위가 다르기 때문입니다. 이 때문에 실무에서 작은 혼란이 일어나기도 합니다.

　우리가 보통 비용(지출)결의서에 첨부하는 증빙들은 사실 세무회계를 위한 것입니다. 사실관계에 따른 지출을 확인하고 비용으로

적용하는 재무회계와 달리, 세무회계에서는 법으로 규정한 관련 증
거서류(일명 증빙) 없이는 비용을 인정받을 수 없습니다. 또한 사업
을 위한 지출이 발생하더라도 일정한 기준을 초과한 경우에는 비용
으로 인정되지 않습니다.

예를 하나 들어보겠습니다. 접대비라는 계정과목은 외부 대상
자에게 업무상 접대를 위해 사용한 비용입니다. 재무회계에서는 이
접대비의 한도를 별도로 설정해두지 않고 있습니다. 즉 회사의 규
모에 상관없이 사용된 금액 전부를 비용으로 인식합니다. 하지만
세무회계는 다릅니다. 그 회사가 대기업인지 중소기업인지, 또 매
출액 규모가 100억 원인지 50억 원인지에 따라 국세청이 허용하는
접대비의 사용 한도가 정해져 있습니다. 그리고 그 한도 이상으로
사용한 접대비는 비용으로 인정받지 못하게 됩니다. 또한 한도를
초과해 사용한 금액은 '손금불산입'이란 계정으로 분류되어 별도의
세금을 내게 됩니다. 만약 100만 원의 접대비가 손금불산입 되었다
고 가정한다면, 법인세 세율을 적용해 회사는 그 비율만큼의 세금
을 추가로 납부하게 되는 것입니다.

관리회계

마지막으로 관리회계(management accounting)입니다. 관리회계는
흔히 '경영을 위한 회계'라고 불립니다. 즉 회사의 경영활동을 효과
적으로 관리하고, 올바른 의사결정을 하기 위해 작성되는 회계입니

다. 그리고 재무회계의 단점을 보완하는 역할을 담당합니다. 시시각각 급변하는 경영 환경에 맞춰 의사결정을 해야 하는데, 지나간 실적(과거의 숫자 중심으로 작성된 재무회계 자료, 즉 재무제표)은 그 한계가 너무나 분명하기 때문입니다. 보통 1년이나 3개월 단위로 진행되는 재무회계와 달리 관리회계는 '월 단위 결산'을 기본으로 하고 있습니다. 아울러 사전에 작성된 월간 예산과 비교·분석해 차이점을 찾고 실시간으로 개선 방향을 마련합니다. 이러한 신속성은 관리회계의 큰 장점이라 할 수 있습니다.

또한 관리회계는 내부 관계자를 위한 자료이기 때문에 특별히 정해진 양식이나 규격이 없으며, 각 회사별 상황이나 경영진의 요구사항에 맞춰 작성된다는 특징이 있습니다. 신규 사업이나 기존 사업의 확장을 위한 시장조사 보고서를 작성할 때 기입하는 재무적 수치들은 모두 관리회계에 해당됩니다.* 이렇듯 관리회계는 향후 발생이 예상되는 사업의 실적을 추정하기 위해 작성되는 경우가 많습니다. 또한 예측의 정확도를 높이기 위해 경쟁사의 실적 분석 수치를 함께 포함시키는 경우가 많습니다.

간혹 상급자들로부터 회계를 배우라는 조언을 받을 때가 있을

---

* 회사는 신규 투자를 위해 IRR(내부수익률)이나 NPV(순현재가치) 등 다양한 시뮬레이션을 통해 투자 리스크를 검토하게 된다. 일반적으로 기존에 진행했던 유사 사업의 손익 수치를 바탕으로 여러 가지 시나리오를 작성하게 되며 1안, 2안, 3안의 형태로 구분한다. 또 경우에 따라서는 최악, 차악, 중립, 차선, 최선 등 다섯 가지 기준으로 구분하는 경우도 있다.

겁니다. 그런데 이 말은 단순히 회계를 공부하라는 뜻이 아닙니다. 재무회계에 대한 지식을 바탕으로 관리회계를 제대로 할 수 있는 역량을 키우라는 뜻이지요. 실제로 실무에서 가장 필요한 회계 능력은 리더가 원하는 형태의 관리회계 보고서를 만들어내는 것입니다. 물론 이때 리더는 팀장이 될 수도, 혹은 경영진이 될 수도 있겠지요. 관리회계에서 사용되는 양식은 그 직무별로 차이가 있습니다. 영업에서 사용하는 방식, 마케팅에서 사용하는 방식, 개발에서 사용하는 방식이 모두 다르기 때문입니다. 하지만 이 모든 것은 재무회계의 기준을 근간으로 삼고 있다는 점을 기억해두세요.

재무회계의 용어와 각각의 개념을 잘 이해하고 있다면, 본인이 작성해야 할 보고서에 적합한 기준을 세우는 일이 그리 어렵지만은 않을 것입니다. 그 과정을 몇 차례 경험하고 나면, 회사생활에 회계 지식이 얼마나 중요하고 도움이 되는지 더 많이 공감할 수 있을 겁니다. 더욱이 본인의 업무 스킬이 예전보다 한 단계 더 높아져 있다는 것도 함께 알게 될 겁니다.

✦ 회계의 원칙과 기준 ✦

회계 원칙

기본적으로 회사에는 업무에 관한 기준과 원칙이 존재합니다. 이러한 기준과 원칙은 다양한 선택이 요구되는 순간, 가장 합리적인 의사결정을 내릴 수 있는 판단의 근거가 되고 있습니다. 그렇기에 회사에 속한 모든 구성원들이 이를 준수해야 하는 것은 당연한 것입니다. 회계도 당연히 지켜야 할 원칙이 있습니다. 회계 원칙은 회계 업무를 담당하는 실무자가 회계처리를 할 때 반드시 지켜야 하는 기준을 말합니다. 물론 이 결과를 보고받는 경영자, 회계감사를 시행하는 공인회계사 및 일반 투자자들도 공통적으로 알고 있어야 하는 내용입니다. 그래야만 서로 간의 불필요한 오해와 회계처리 방식의 이견으로 인한 시간 낭비를 줄일 수 있습니다.

일반적으로 회계의 원칙은 크게 네 가지로 구분됩니다. 가장 먼저 '수익 인식의 원칙'입니다. 앞서 회계 용어에서 설명드렸던 바와 같이 회계 기록은 거래와 사건을 중심으로 합니다. 거래와 사건을 통해 발생된 수익(매출)이 일어나는, 바로 그 시점에 회계 기록을 한다는 의미이지요. 이것은 발생주의*를 근간으로 하는 재무회계에서 가장 중요한 원칙 중 하나입니다.

두 번째는 '수익·비용 대응의 원칙'입니다. 이는 수익과 비용의 인과관계가 인정되는 시점에 맞춰 회계 기록을 해야 한다는 내용입니다. 대표적인 예로는 유형자산의 감가상각비가 있습니다. 즉 장기간의 수익 창출을 목적으로 구입한 자산이라면, 일정한 기준에 따라 자산이 사용 가능한 해당 기간 동안에 맞춰 비용을 인식해야 한다는 뜻입니다.

세 번째는 '완전 공시의 원칙'입니다. 이는 작성된 재무제표의 본문이나 부속명세서 등은 모두 공시해야 한다는 것입니다. 회계 정보를 이용하는 사람들의 판단에 영향을 미칠 수 있는 주요 정보는 모두 투명하게 공개되어야 한다는 거죠.

---

* 발생주의란 '수익은 실현되는 시점(획득하는 시점)에 인식을 하고, 비용은 발생되는 시점에 인식하는 방법'을 말한다. 이 발생주의 방식은 현금주의 방식과 서로 비교되는 사례가 많다. 참고로 발생주의 방식은 손익계산서에서, 현금주의 방식은 현금흐름표에서 사용되고 있다.

네 번째는 '역사적 원가의 원칙'입니다. 일정 시점에 자산을 취득할 때, 이와 관련되어 지급한 모든 가격을 취득원가로 정하는 원칙입니다. 흔히 '역사적 원가주의'라고도 합니다. 쉽게 말해 구입할 당시 해당 물품의 가격은 물론 물품을 구매하는 과정에서 발생한 부대비용까지도 모두 물품 가액으로 회계에 반영해야 한다는 뜻입니다.

기업회계 원칙

이러한 회계의 원칙하에서 추가로 생겨난 것이 기업회계의 원칙입니다. 기업회계의 원칙은 회계의 기준 아래 추가적으로 지켜야 할 부칙이며 「주식회사 등의 외부감사에 관한 법률」에 의거해 일정한 체계를 가지고 있습니다. 단계별로는 세 가지 단계로 나눌 수 있습니다. 1단계는 일반원칙입니다. 이는 6개의 일반원칙과 회계 관습의 존중이라는 수정원칙을 말합니다. 2단계는 손익계산서 작성기준, 3단계는 재무상태표 작성기준입니다. 즉 비슷한 기준으로 구성된 묶음이 단계별로 구분되어 있습니다.

그중 1단계에 속하는 6개의 일반원칙은 다음과 같습니다. 첫째, 신뢰성의 원칙입니다. 이때 신뢰는 객관적인 공정성에 의해 유지됩니다. 신뢰성을 확보하기 위해서는 이를 관리하고 통제하는 제도적 장치가 마련되어야 하며, 이를 통해 효율적이고 공정한 회계처리가 진행되어야 한다는 의미로 이해하시면 됩니다. 그 결과물로 작성된 회계 자료(공정하고 객관적인 증빙과 자료)는 누구나 신뢰할 수 있는 자료로 인정받을 수 있게 됩니다.

둘째, 명료성의 원칙입니다. 회계 정보를 제공하는 작성자는 그 내용을 올바르고 정확하게 작성함은 물론, 일정한 기준과 형식에 맞춰 구분·분류·배열해야 한다는 의미입니다. 이를 통해 정보를 제공받는 측에서 재무상태에 관한 정보를 명확하게 이해할 수 있어야 하기 때문입니다. 사실상 작성 원칙이라기보다는 재무 보고에 대한 원칙 중 하나라고도 할 수 있겠습니다.

셋째, 충분성의 원칙입니다. 이는 회사의 회계처리 기준 및 정책에 대해 그 내용을 빠짐없이 기재함은 물론, 재무적으로 주요한 내용을 작성해 전체적이고 종합적인 정보를 제공해야 한다는 의미입니다. 이를 위해서는 중요한 회계방침, 회계처리 기준, 계정과목 및 금액 등을 주요 장부(재무제표)에 주석으로 기재하고 필요한 경우에는 추가적인 부속명세서도 작성해야 함을 뜻합니다.

넷째, 계속성의 원칙입니다. 이 내용은 회사에서 한번 결정한 회계처리 기준은 매년 계속해서 준수해야 하며, 명확한 사유 없이 함부로 바꿀 수 없다는 의미입니다. 이를 시행하는 목적은 회사의 재무제표는 기간별로 비교할 수 있어야 하기 때문입니다. 작년과 올해의 회계 기준이 바뀌면 이익의 기준이 변경되어 투자자의 혼란이 발생되듯이, 한번 정한 기준은 지속적으로 유지되어야 합니다. 다만 경영상의 변화, 사회적인 여건 등으로 기준 변경이 불가피한 경우에는 적절하고 공정하다고 인정되는 새 기준을 적용해야 합니다. 이런 경우 전년도 재무제표도 새로 수정된 기준에 맞춰 재작성해야 합니다.

다섯째, 중요성의 원칙입니다. 회계의 정확성을 위해 하나하나 꼼꼼하게 기재하는 것이 가장 올바르고 정확한 방법이지만, 절대적인 정확성을 기하기 위해 불필요한 시간적·경제적 낭비가 발생될 수 있는 것을 방지한다는 뜻입니다. 즉 재무제표의 기준에 맞춰 중요도가 높지 않거나 작성을 위한 기대효과가 낮은 항목의 경우에는 독립적인 계정과목으로 표시하거나 주석 등에 기재해야 합니다. 이를 통해 회계 정보 사용자들이 너무도 세세한 내역들로 인해 혼란스러워하는 일을 막을 수 있습니다.

여섯째, 안정성의 원칙입니다. 일반적으로 '보수주의 원칙'이라고도 합니다. 기본적인 자산, 부채, 자본의 회계처리 기준 외에 생길 수 있는 사항과 수익, 비용 인식의 기준에 적용되는 원칙입니다. 쉽게 말해서 지급이 예상되는 비용은 높게, 발생이 예상되는 수익은 낮게 인식하는 것입니다. 아울러 회계처리 기준을 변경할 경우 변경 목적과 방식이 적정한지 의사결정을 하는 기준이 되기도 합니다. 회사의 재무구조를 튼튼히 하고 새로운 사업에 투자된 자본을 조기에 회수할 수 있도록 방향을 설정하는 것은 이 안정성의 원칙에 기반하고 있습니다.

마지막으로 이 6개의 일반원칙 외에 '회계 관습의 존중'이라는 원칙도 따라야 합니다. 기업회계 기준의 준수는 당연한 것이지만 끊임없이 변하고 있는 사회적 상황들, 사업 여건 등의 환경을 고려해야 한다면 그 기준도 응당 시대의 변화에 따라 변화해야만 할 것입니다. 이때 의사결정의 혼란을 방지하기 위해 '일반적으로 공정·타당하다고 인정되는 회계 관습'을 우선 적용해야 합니다. 물론 '회계 관습'의 기준은 회계감사를 시행하는 공인회계사, 전문적인 회계학자, 회사 내 회계 실무자가 공정하고 타당하다고 인정하는 일반적인 회계처리 방식과 기준을 말합니다.*

---

* 이러한 기업회계의 일반원칙은 다시 회계처리의 원칙과 회계보고의 원칙으로 나뉘기도 한다. 회계처리는 신뢰성·계속성·중요성·안정성의 원칙으로, 회계보고는 명료성·충분성의 원칙으로 구분된다.

- 재무제표란?
- 재무제표의 구성 요소

재무제표

✦ 재무제표란? ✦

재무회계 학습은 회계 담당자가 아닌 일반 직원들도 필히 갖추어야할 역량으로, 그 중요도는 점차 높아지고 있습니다. 여기서 말씀드리고자 하는 재무회계 학습이란 일반적인 회계 이론을 습득하고 분개를 하는 방법을 익히라는 의미가 아닙니다. 분개로 입력된 계정별 결과를 보고 그 수치들을 비교·분석함으로써 사업 방향이나 전략 수립에 도움을 주는 정보를 발견할 수 있는 힘을 키우라는 뜻입니다. 그리하여 본인이 맡고 있는 업무를 정확한 방향으로 이끌고나갈 수 있는 통찰력을 키우는 것이야말로 재무회계 학습의 진정한의의라고 생각합니다.

하지만 회계 정보를 분석하기 위해서는 회계에 대한 기본적인 지식들이 반드시 필요합니다. 회계에서 사용하는 용어와 방식, 형식 등은 모두 일정한 기준을 갖고 있으며, 이 기준은 우리가 속한 회사뿐만 아니라 타 회사에서도 거의 유사하게 적용됩니다.* 이렇게 일정한 회계 기준에 따라 작성하는 재무회계의 최종 결과물을 우리는 '재무제표'라고 부릅니다.

재무제표: 재무상태표, 손익계산서, 자본변동표, 현금흐름표, 주석

재무제표는 위와 같이 '재무상태표, 손익계산서, 자본변동표, 현금흐름표, 주석'이라는 다섯 가지 요소로 구성됩니다. 물론 우리가 이 다섯 가지 서류를 직접 작성하지는 않습니다. 여러분이 기획팀이나 재경팀, 회계팀 등에 소속되어 있는 것이 아니라면 말이죠. 하지만 앞서 말씀드린 바와 같이 우리에게는 이 재무제표를 볼 줄 알고 분석할 줄 아는 능력이 필요합니다. 재무제표는 회사생활 전반에 걸쳐 영향을 미치는 중요한 자료이기 때문입니다.

그렇다면 우리가 재무제표를 통해 알 수 있는 정보는 무엇일까요? 우선 회사의 현 재무상태와 일정 기간의 경영 성과, 그리고 현

---

* 일부 계정과목명은 회사의 사업 기준에 맞춰 다른 용어로 사용되는 경우도 있다. 예를 들어 한 회사가 '도서자료비'라고 부르는 계정을, 다른 회사에서는 '도서구입비'라고 부르는 것과 같다. 하지만 그 속성을 가지고 있는 본질은 변하지 않는다.

금의 흐름을 파악할 수 있습니다. 이를 통해 회사의 지속·발전 가능성에 대해 예상해볼 수 있을 겁니다. 물론 재무제표를 한두 번 접해보는 것만으로 이 같은 분석능력이 생겨나는 것은 아닙니다. 하지만 꾸준히 본인의 업무와 연관시켜 분석해보는 습관을 기르다 보면 통찰력은 크게 늘어날 것입니다. 더욱이 회계 정보에 대한 기본적인 이해를 한 상태라면 그 기간은 크게 단축될 것입니다.

✦ 재무제표의 구성 요소 ✦

그럼 본격적으로 재무제표를 공부하기에 앞서, 재무제표를 구성하는 다섯 가지 요소에 대해 간략하게 설명하고 넘어가도록 하겠습니다.

1. 재무상태표

재무상태표(statememt of financial position)는 일정 시점의 기업의 자산, 부채, 자본에 관한 정보를 제공하는 재무상태 보고서입니다. 여기서 일정 시점이란 특정일을 선택해 그 날짜의 재무현황을 알려준다는 의미이며, 대부분 손익계산서의 사업 기간 종료일 현황을 표기합니다. 예를 들어 어느 회사의 결산 기간이 1월 1일부터 12월 31일까지라면 재무상태표의 일정 시점은 12월 31일이 되는 거죠. 그 1년 동안 회사를 운영한 결과로 1억 원의 이익이 발생했다면 이 이익을 반영한 재무상태를 보여주게 됩니다. 그리고 비교식을 통해 전년도의 같은 날짜의 재무상태를 함께 표기합니다. 이를 통해 전년도의 자산, 부채, 자본이 올해는 어떻게 변화되었는지 동일한 각 계정의 수치를 한눈에 비교할 수 있습니다. 기획 부서의 주요 업무 중에는 올해의 재무비율을 산정한 후에 전년도와 대비해 그 증감 내역을 비교하고, 경쟁사와 대비해 증감 내역을 확인한 후 보고하는 것이 포함됩니다.

재무상태표에 기재되는 자산의 항목은 유동성이 높은 순으로 배열하는 것이 원칙입니다. 이때 유동성이란 자산의 현금화 정도를 의미합니다. 좀 더 쉽게 설명하자면 어떤 자산을 가치를 손상하지 않고 얼마나 빠르게 현금화할 수 있는가에 대한 판단입니다. 1년 이내에 현금화가 가능한 자산을 '유동자산'이라고 부르고 가장 상위에 표시하는 것이 원칙입니다. 자본이나 부채 역시 같은 원칙을 따릅니다.

재무상태표는 과거에 '대차대조표'라는 이름으로 불렸고, 실무에서는 여전히 '대차대조표'라는 용어를 사용하는 곳이 많습니다. 하지만 이 책에서는 '재무상태표'라고 용어를 통일해 사용하도록 하겠습니다.

2. 손익계산서

손익계산서(income statement)는 실무에서 가장 많이 사용되는 보고서입니다. 예산 산정의 기본적 기준이 되며 각 사업의 매출 및 영업이익을 보고할 때도 이 형식을 사용하고 있습니다. 손익계산서는 재무상태표와 달리 일정 기간 동안의 종합적인 경영 성과를 나타냅니다. 여기서 일정 기간이란 사업이 시작되고 종료된 기간을 말하는데, 보통 1년을 기준으로 합니다. 대부분의 회사들이 1월 1일부터 12월 31일까지를 사업 기간으로 산정하며 이 기간 내에 발생된 매출, 매출원가, 판매비와관리비(판관비)를 적용한 영업이익을 산출합니다.*

작성 주기는 회사의 특성에 따라 월, 분기, 반기 마감 등으로 구분합니다. 코스닥이나 거래소 상장회사의 경우에는 분기 마감을 진행합니다. 그리고 사업보고서 형태의 양식에 주요 내용을 기재해 누구나 그 내용을 볼 수 있게 공시합니다.** 이 공시 자료에는 우리가 외부 협력사나 경쟁업체, 동종업계 회사들의 정보를 얻어내는 중요한 내용이 담겨져 있습니다.

지금까지 각종 자료나 보고서 등을 통해 매출원가율이나 판관

---

* 손익계산서 작성 시 현업에서는 영업이익까지만 구하는 경우가 많다. 그 외 영업외비용, 영업외수익, 법인세 적용 등의 추가 내역들은 회계팀이나 재무팀, 기획팀에서 산출해 적용한다.
** 금융감독원 전자공시시스템(dart.fss.or.kr)에서 주요 기업들의 경영활동을 실시간으로 확인할 수 있다.

비율, 광고선전비 사용비율 등에 대해 분석한 자료를 자주 보셨을 겁니다. 전년도의 같은 계정과 비율을 비교하기도 하고, 경쟁사와 그 비율을 비교하기도 합니다. 이때 이런 비율들은 매출액 대비 해당되는 계정과목의 사용 금액을 적용해 산정합니다.

예를 들어 작년엔 50%였던 우리 회사의 매출원가율이 올해 53%로 상승했다고 가정해볼게요. 그럼 그 상승 요인이 무엇인지 내외부적 발생 요인을 확인하는 과정이 반드시 필요합니다. 실무적으로 가장 먼저 내부 요인을 확인합니다. 통상 원가율이 오른 것은 크게 세 가지로 정리됩니다. 원재료 매입금액이 증가하거나, 제작비가 증가하거나, 재고자산이 늘어난 경우입니다. 이때 내부적인 주요 원인을 확인했다면, 다음으로는 유사 업종의 타사 매출원가율의 변동 현황을 확인합니다.* 타사의 매출원가율 역시 함께 올라갔으면 이것은 전반적인 물가 인상에 따른 변동으로 봐야 할 것입니다. 그런데 만약 타 회사는 변동이 없고 우리 회사만 상승했다면, 다시 한 번 내부적으로 어떤 원인이 있는 것이 아닌지 세부 내용들을 확인해봐야 합니다.

---

* 자사와 타사의 데이터를 비교할 때는 특정 업체 1~2개만 비교하지 않고 5~7개 정도의 유사 업체를 비교하는 것이 적정하다. 더 다양한 회사와 비교하며 원인을 찾아볼수록 그 보고서의 신뢰도가 높아지기 때문이다. 이때 적용 기간은 분기보다는 반기, 반기보다는 연간 기준의 비교가 더 적정하다. 짧은 기간보다는 사업 기간인 1년 단위의 비교가 가장 정확할 뿐만 아니라, 코스닥이나 거래소에 상장되지 않은 회사들은 분기나 반기 자료를 구하기가 사실상 어렵기 때문이다.

손익계산서에서 대표적으로 비교되는 항목은 광고선전비, 지급수수료, 포장운반비 등입니다. 실무에서는 계정과목을 각각 비교하기보다 주요 항목의 비율을 토대로 비교 작업을 진행하는 경우가 많습니다. 왜냐하면 이런 계정과목들은 매출의 변동 폭과 밀접한 관련이 있기 때문입니다. 매출이 늘어날 때 자연히 늘어날 수밖에 없는 금액들도 분명히 존재하므로, 단순히 금액이 줄었다 늘었다 하는 것을 확인하는 건 큰 의미가 없습니다. 그래서 전년 대비 매출액이 몇 %나 증가했는지, 주요 항목의 총 비용의 비율은 얼마만큼 변화했는지를 분석합니다.

비용합계비율(통상 판관비율이라고 함)이 낮다는 것은 그만큼 사업의 효율성이 높아졌다는 의미입니다. 광고선전비를 적게 사용한 경우, 외부업체 수수료율이 낮아진 경우, 정기적으로 발생한 비용을 절감한 경우 등이 이에 해당됩니다. 이것은 해당 업무를 맡은 직원들이 좋은 성과를 냈다는 것을 뜻합니다. 철저한 기획과 준비를 통해 적은 투자비용으로 큰 효과를 얻었다는 방증이기 때문입니다.

그럼 이와는 반대로 매출의 상승비율보다 비용 계정의 합계비율이 더 높아진 경우는 어떨까요? 사실 이런 경우에 실무자의 역량은 더욱 중요해집니다. 이 결과에 대한 원인을 찾아야 하기 때문입니다. 물론 이 과정을 단순하게 '운이 나빴다'라든지 '고객의 성향이 변했다'라는 식으로 가볍게 넘길 수도 있겠지만, 조금 어렵더라도 진짜 이유를 찾으려 노력한다면 문제점을 개선할 수 있을 것입니다. 영향력 있는 거래처를 선별해 전화로 인터뷰를 하거나, 인터넷으로 고객들의 후기를 찾아보거나, 타사 혹은 과거 자사의 유사 사례를 찾고 비교·정리하는 것 등등 사실 이런 노력만으로도 실무자는 충분히 노력했다고 말할 수 있습니다.

하지만 (+), (−)로 단순 비교되는 수치들 속에서 수많은 행동과 과정을 유추해내는 것은 너무나 어려운 일입니다. 그래서 바로 '세목'이라는 것이 존재합니다. 세목은 계정과목을 좀 더 세분해서 각각의 용도별로 구분해놓은 것입니다. 일례로 광고선전비라는 계정과목은 매체/광고제작/협찬, 홍보/판촉물, 행사/전시 등의 세부적인 세목들로 나눠지고, 거기에 적합한 예산이 각각 배정되어 있습니다. 이를 통해 우리는 각 세목별 활동의 결과가 어떻게 나타났는지를 더 효과적으로 찾아낼 수 있게 됩니다.

예를 들어 특정 지역에 매대나 현수막을 설치해 지역 매체 광고를 진행했는데 그 지역의 매출이 크게 올라갔다면, 광고선전비의 효과가 충분히 나타난 것으로 분석할 수 있습니다. 반대로 매출이 전혀 올라가지 않거나 오히려 전보다 떨어졌다면, 담당자는 이 활동을 중심으로 원인을 찾을 수 있습니다. '현수막 내용이 좋지 않았던 것은 아닌가? 대상 고객을 잘못 선정한 것은 아닌가?' 하고 말이죠. 이렇게 세부 활동별로 효과를 분석하고 원인을 찾은 다음 예산과 실적, 집행 결과를 한 페이지에 기재해둔다면 차후 유사한 광고를 진행할 때 많은 도움을 받을 수 있을 겁니다. 그리고 이런 자료들이 바로 회사의 중요한 내부 자원이 됩니다. 리더들이 원하는 결과 보고서는 이러한 자료들을 객관적으로 비교·정리한 형태입니다. 그 완성도에 따라 보고서에 대한 만족도가 달라질 수밖에 없습니다.

3. 현금흐름표

현금흐름표(statement of cash flow)는 회사 내 현금의 흐름을 보여주는 보고서입니다. 즉 현금이 어느 정도 들어오고 얼마만큼 나가는지를 한눈에 볼 수 있게 만든 자료입니다. 이익이 많이 나더라도 실제 들어오는 현금이 적다면 내실 있는 기업이라 말하기 어려울 것입니다. 현금으로 세금도 내야 하고 직원들 급여도 줘야 하는데 이익의 대부분이 매출채권이나 재고자산, 건물, 토지 등에 묶여 있다면 흑자도산의 위험에 노출될 수 있습니다. 여기서 '도산'이란 금융거래가 정지되어 사업을 지속할 수 없는 상태를 말합니다. 개인으로 바꿔 말하면 파산입니다. 따라서 지출할 금액보다 현금이 적은 상태는 극도로 위험합니다.

실무에서는 현금흐름표를 주로 사용하고 있지는 않지만, 회사의 현금 변화에 대해 많은 관심을 갖고 있는 주주와 자금을 대여해준 채권자에게는 가장 중요한 자료라 할 수 있겠습니다. 회사 내 현금 상태가 좋아야만 주주는 배당을 받을 수 있고, 채권자는 원금과 이자를 정해진 기간 내에 안정적으로 받을 수 있을 테니까요.

4. 자본변동표

자본변동표(statement of changes in equity)는 자본의 변화에 대한 내용을 기재한 표입니다. 말 그대로 일정 회계 기간 동안 자본을 구성하는 자본금과 적립금 등의 변화를 보여줍니다. 특히 그 구성 요소인 납입 자본, 기타 포괄 손익의 누계액, 이익잉여금(또는 결손금) 등의 경우 기초 시점과 기말 시점의 변동 금액이 표시되어 있습니다. 과거 기업회계 기준에서는 '이익잉여금처분계산서'를 기본 재무제표의 하나로 규정했었습니다. 그러나 이익잉여금처분계산서에는 자본의 항목 중 이익잉여금의 변동 내역만 표시했기 때문에 자본을 구성하는 다른 항목의 변동 내용을 종합적이고 체계적으로 나타내지 못하는 단점을 가지고 있었지요. 이후 자본의 모든 구성 항목에 대한 포괄적인 정보 확인을 위해 자본변동표가 활용되면서 현재는 이를 기본 재무제표로 인식하도록 규정하고 있습니다. 기존 이익잉여금처분계산서는 별도의 작성이 필요한 경우에만 주석으로 기재하고 있습니다.

그렇다면 자본변동표의 정보는 어떻게 활용할 수 있을까요? 단순히 이 하나의 표에서 얻을 수 있는 정보는 사실 한정적입니다. 다만 자본변동표를 다른 재무제표들과 연계해 분석하면 다양한 정보를 효과적으로 확보할 수 있습니다. 즉 자본변동표의 정보를 재무상태표의 자본 구성 요소와 하나씩 연결시키면, 기존에 재무상태표상에서는 파악할 수 없었던 새로운 재무 정보들을 찾아낼 수 있게 되는 거지요. 더욱이 손익계산서와 현금흐름표의 정보와도 연결해 추정이 가능하기 때문에 회사의 명확한 재무제표를 이해하는 데 큰 도움이 됩니다.

5. 주석

주석은 각 재무제표의 구성 요소 중 정보와 관련해 좀 더 상세하고 추가적인 내용이 기재되어야 할 때 작성하는 항목입니다. 따라서 구체적이고 세분화된 많은 정보를 확인할 수 있습니다. 논문이나 책 하단에 표기되는 주석이 낱말이나 문장의 뜻을 쉽게 풀이하는 역할을 한다면, 회계상의 주석은 해당 숫자가 나오게 된 배경을 좀 더 상세하고 자세하게 기재해 표를 보는 사람들의 이해를 돕는 것이라고 이해하시면 됩니다. 다만 주석을 처음 접한다면 원하는 정보를 찾는 과정이 조금 낯설 수 있습니다. 하지만 실무에 필요한 알짜 정보들이 모두 주석에 기재되어 있으므로 복잡하게 느껴지더라도 주석과 친해져야 합니다.

주석이 제공하는 고마운 정보의 종류는 다음과 같습니다.

① 재무제표 작성 근거와 회사가 사용한 구체적인 회계 정책과 회계 정보
② 재무제표에 기재되지 않았지만 한국채택국제회계기준(K-IFRS) 에서 요구하는 정보

③ 재무제표를 이해하는 데 필요한 세분화된 정보와 보충 내용

④ 기타 우발 상황이나 약정 사항 등에 대한 계량적인 정보와 비

　계량적인 정보

　이상 재무제표에 대한 간략한 설명을 모두 마쳤습니다. 재무제
표란 무엇이고, 어떤 요소로 구성되어 있는지, 이를 어떻게 실무에
서 활용할 수 있는지 이해하셨나요? 이 책에서는 재무제표의 모든
요소를 다루지 않고 실무에서 많이 활용되는 손익계산서, 재무상태
표, 현금흐름표에 대해 설명드리고자 합니다. 그럼 지금부터 본격적
으로 재무제표 공부를 시작해볼까요?

손익계산서

✦ 손익계산서란? ✦

재무제표의 요소 중 업무에 가장 많은 영향을 미치는 것이 바로 손익계산서입니다. 손익이라는 것은 '손해 또는 이익'을 뜻합니다. 손익계산서는 회사가 일정 기간(보통 1년) 동안 매출을 올리고, 각종 비용을 줄이기 위해 했던 모든 업무활동을 나타내기 위한 재무제표 양식입니다. 손익계산서를 구성하는 주요한 항목은 다음과 같습니다.

①매출액(영업수익) ②매출원가 ③매출총이익 ④판매비와관리비

⑤영업이익 ⑥영업외수익 ⑦영업외비용 ⑧법인세비용차감전순이익

⑨법인세비용 ⑩당기순이익 ⑪주당손익

그리고 이 항목들은 다음과 같은 공식으로 연결됩니다(참고로 실무에서는 영업이익을 가장 많이 활용하고 있기 때문에 영업이익을 중심으로 설명드립니다). 우선 매출액에서 매출원가를 제하면 매출총이익이 구해집니다.

①매출액(영업수익) − ②매출원가 = ③매출총이익

이때 나온 매출총이익에서 판매비와관리비를 제하면 영업이익을 구할 수 있습니다.

③매출총이익 − ④판매비와관리비 = ⑤영업이익

영업이익을 구하기까지 최종적으로 정리된 공식은 다음과 같습니다.

①매출액(영업수익) − ②매출원가 − ④판매비와관리비 = ⑤영업이익

이 공식에 간단한 숫자를 넣고 다시 정리해보겠습니다. 회사의 매출액을 100만 원, 매출원가는 40만 원, 판관비(급여, 광고선전비, 포장운반비, 지급수수료 등) 50만 원이라고 가정한다면 이 회사의 영업이익은 얼마일까요?

①100만 원 − ②40만 원 − ④50만 원 = ⑤10만 원

따라서 이 회사의 영업이익은 10만 원이라는 것을 알 수 있습니다. 물론 경우에 따라 영업이익이 (−)로 나오는 경우도 있습니다. 위 예시에서 '②매출원가＋④판관비'의 합이 ①매출액인 100만 원을 넘어서는 경우일 겁니다.

그렇다면 손익계산서를 확인한 후 우리가 진행하게 될 업무에는 어떠한 것들이 있을까요? 우선 영업이익이 (+)가 나왔다면 그 이익의 원천이 무엇인지 확인하는 작업이 필요합니다. 매출이 늘어나서인지, 원가를 절감해서인지, 판관비를 줄여서 생긴 이익인지 알아야 하니까요. 반대의 경우도 마찬가지입니다. 영업이익이 (−)인 이유가 매출이 부족해서인지, 불필요한 지출이 많아져서인지, 원재료의 가격이 올라 매출원가가 상승한 것인지, 그것도 아니면 다른 어떤 원인이 있는지 확인해야 합니다. 즉 우리는 손익계산서의 정보를 바탕으로 회사의 사업 현황을 파악해 회사가 '어떻게' 이익을 얻은 것인지 되도록 자세히 알아내는 과정을 반드시 거쳐야 합니다. 이 과정을 흔히 '사업 분석'이라고 부르며, 분기 단위로 진행되는 것이 일반적입니다(통상 매출 분석은 월 단위로 진행하지만, 손익 분석은 원가와 판관비 내 정확한 분석 시간이 필요해 분기 단위로 보고를 진행합니다).

✦ 영업수익 ✦

매출(영업수익)액은 회사별로 특성이 다를 수 있겠으나 일반적으로 제품매출과 상품매출, 서비스매출로 구분할 수 있습니다. 제품은 자체적으로 제작·생산한 것을 말합니다. 따라서 회사 내에서 개발하고 제조 과정을 거쳐 생산한 재화나 물건을 외부에 판매했을 때 생겨나는 매출을 제품매출이라고 부릅니다. 반면 상품은 유통 및 판매를 목적으로 외부에서 구입한 것으로, 회사 내에서 자체 제조 과정을 거치지 않은 물건입니다. 상품을 유통하거나 판매해 생겨나는 매출을 상품매출이라고 부릅니다.

여기서 제품매출과 상품매출에 대한 기준을 좀 더 살펴보겠습니다. A회사에서 제조 과정을 거쳐 생산된 물건은 창고에 보관됩니다. 이후 거래처인 B회사로부터 주문을 받아 물건이 창고에서 출고되면 이것은 A회사의 제품매출로 인식됩니다. 그렇다면 이 제품을 받게 되는 거래처인 B회사는 어떨까요? 분명 동일한 물건이지만 B회사는 이를 상품으로 인식하고 최종 판매 이후에 상품매출로 반영하게 됩니다. 왜냐하면 이 물건은 B회사에서 제조 과정을 거친 물건이 아니기 때문입니다. 예를 들어 우리가 만든 제품을 상점에서 판매한다면 우리에게는 제품매출이 발생하게 되지만, 우리의 제품을 구입해 간 상점이 일반 소비자에게 그것을 판매한다면 상점 입장에서는 상품매출이 발생하게 되는 것입니다.

서비스매출은 그 형태가 눈에 보이거나 잡히지 않지만 고객에게 제공되는 가치를 통해 발생하는 매출을 의미합니다. 인터넷 강의나 저작권 등을 제공해 발생하는 매출을 떠올리시면 됩니다. 이 서비스매출은 무형이기 때문에 물류비나 보관비 등 제품 운송에 발송되는 비용이 생기지 않습니다.

'각각의 매출을 꼭 이렇게 구분해야 하느냐'고 생각하실 수도 있습니다. 하지만 매출원가를 분석하는 방법들이 모두 다르기 때문에 이런 구분은 반드시 필요합니다. 제품매출의 경우 제품매출원가의 원재료 매입, 제작 공정, 투입 인건비 등 복잡하고 많은 과정을 거쳐 분석하게 됩니다. 반면 상품매출의 경우 상품매입원가와 함께 몇 가지 부대비용(구입 시 이동한 물류비, 보관비, 발송비, 관련 세금, 수수료 등)

만 고려하면 됩니다. 매출원가의 분석 방법에 대해서는 별도의 '원가회계'를 학습해야 하는데, 이 책에서는 생략하도록 하겠습니다.

서비스매출 역시 마찬가지로 매출원가가 존재합니다. 다만 유무형의 제품이나 상품이 존재하지 않기 때문에 재고자산의 개념은 없습니다. 따라서 서비스매출원가에는 대부분 인건비나 수수료, 매출과 관련된 직접비용들이 포함됩니다. 아울러 다른 회사에서 서비스를 공급받아 이를 기초로 매출이 발생하는 경우도 많습니다. 이러한 경우는 공급받은 서비스 금액을 매출원가로 인식하게 됩니다. 재고관리의 부담이나 포장운반비 등 물류비의 부대비용이 발생하지 않지만, 변동비적인 요소가 많아 꾸준히 이익을 내기에는 많은 노력이 필요한 매출입니다.

참고로 한 가지 더 기억해둘 것이 있습니다. 앞서 설명한 제품이나 상품과는 달리 사업 목적상 기재되지 않은 유형의 자산을 판매한 경우에는 매출 대신 '처분'이라는 용어를 사용합니다. 매출과 처분의 기준은 회사 정관이나 사업자등록에 기재된 매출의 종류에 해당 자산이 포함되어 있느냐, 그렇지 않느냐에 따라 달라집니다. 이렇게 유형의 자산을 처분해 발생한 이익은 '유형자산처분이익'이라는 계정을 사용해 영업외수익에 포함시킵니다. 매출과는 상관없이 발생한 이익이라는 뜻입니다. 이에 속하는 자산에는 대표적으로 토지, 건물, 비품 등이 있습니다. 반대로 유형의 자산을 처분하는 과정에서 생기는 손해는 '유형자산처분손실'이란 계정을 통해 기재하고 있습니다.

✦ 매출원가 ✦

수익과 비용

매출원가에 대한 설명을 진행하기 앞서 수익과 비용에 대한 정확한 개념을 익혀두는 것이 필요합니다. '수익'을 '수입'과 동일한 뜻으로 알고 계시는 분들이 많은데 엄밀히 말해 이 두 가지는 다른 개념입니다. 수익은 수입의 상위 개념이기 때문입니다. 회사 통장에 현금이 들어온다면 이는 수입입니다. 하지만 어떤 회사가 채권을 주고 우리 회사의 제품을 구입해갔다고 가정해봅시다. 이때 발생한 것은 수입이 아닌 수익입니다. 결국 수익이란 현금 거래(수입)는 물론 향후 현금 입금이 예상되는 외상거래를 통해 발생한 이익을 모두 포함한 포괄적인 용어라고 이해하시면 됩니다.

비용 또한 '지출'과 동일한 뜻으로 알고 계시는 분들이 많습니다. 비용은 현금 지출을 포함해 우리가 언젠가 갚아야 하는 외상 의무까지를 포함한 개념입니다. 흔히 외상매입금이나 미지급금 같은 지급의 의무를 가진 계정을 포함해 비용 계정이라고 부릅니다. 정리하면 수익과 비용, 수입과 지출은 현금을 중심으로 하되, 외상에 대한 권리와 의무가 있느냐에 따라 구분되는 용어들입니다.

회계에서 수익과 비용을 중점적으로 기록한 보고서를 '손익계산서'라고 부르고, 여기에는 '수익-비용=손익'이라는 기준이 적용됩니다. 이때 손익이란 손실과 이익을 줄여서 표현한 것입니다. 즉 손익의 결과가 (+)면 이익, (-)가 나오면 손실이라고 생각하시면 됩니다. 이 계산 구조는 회사가 사업의 실적을 어떻게 냈는지에 대한 결과를 평가하는 데 아주 중요한 요소입니다.

매스컴을 통해 한 번쯤 분식회계라는 말을 들어본 적이 있을 텐데요. 분식회계란 이 손익이 조작된 회계를 말합니다. 외부로부터 더 많은 투자를 받기 위해 회사 이익을 실제보다 더 크게 부풀려 기재하는 것이 대표적인 분식회계의 형태입니다. 이렇게 무리하게 장부를 조작한 회사들은 결국 파산에 이르곤 합니다.

매출원가

앞서 매출총이익을 구하는 공식에 대해 설명드렸습니다.

①매출액(영업수익) − ②매출원가 = ③매출총이익

매출원가는 매출액에서 가장 먼저 제하게 되는 원가성 비용을 뜻합니다. 그럼 원가성 비용이란 무엇일까요? 원가면 원가이고 비용이면 비용이지 원가성 비용이라는 말은 과연 무슨 뜻일까요? 그리고 원가와 비용의 차이는 또 무엇일까요? 늘 궁금해하면서도 막상 물어보기 애매한 부분이지요. 지금부터 함께 알아보도록 하겠습니다.

우선 앞으로 다루게 될 단어들의 사전적 의미를 찾아보면 다음과 같습니다.

- **총원가**: 제품이 제조되고 그것이 판매될 때까지 발생하는 모든 원가요소의 합계액
- **총비용**: 지속적인 생산 및 판매활동을 유지·발전시키기 위해 발생된 고정적·가변적 비용의 합계액
- **고정비용(고정비)**: 생산의 증감 여부에 상관없이 발생되는 비용
- **가변비용(변동비)**: 생산의 증감에 따라 연동되어 변화하는 비용

얼핏 보면 총원가와 총비용은 거의 유사한 의미를 가진 것처럼 보입니다. 하지만 사용 목적에 의해 이 둘은 구분됩니다. 원가는 회사의 매출을 이루는 제품, 상품, 서비스에 사용된 금액으로 한정되는 데 반해, 비용은 판매활동을 하기 위해 사용되는 다른 금액들까

지 모두 포함하기 때문입니다. 즉 비용이 원가를 포함하는 상위 개념이라고 볼 수 있겠지요.

손익계산서 내에서 비용은 매출원가, 판매비와관리비, 영업외비용으로 구분됩니다. 그리고 비용과 수익의 연관 관계는 다음과 같습니다.

비용과 수익의 연관 관계

구분	수익	(−)비용		(=)이익
주영업활동	영업수익 (매출액)	매출원가	판매비와관리비	영업이익
비영업활동	영업외수익	영업외비용		영업외손익

하나의 매출이 발생하면 자연히 매출원가가 함께 발생합니다. 매출이 올라가면 매출원가도 함께 올라가고, 매출이 떨어지면 매출원가도 함께 떨어집니다. 왜냐하면 우리가 판매하는 제품이나 상품은 하늘에서 갑자기 뚝 떨어진 것이 아니니까요. 우리는 이것을 '수익·비용 대응의 원칙'이라고 부릅니다.

사실 매출원가는 손익계산서 내에서도 가장 계산이 복잡하고 이해하기 어려운 부분입니다. 그럼에도 불구하고 우리가 매출원가를 잘 이해하고 있어야 하는 이유는 매출총이익에 직접적인 영향을 미치는 요소이기 때문입니다. 회사는 이윤을 추구하는 집단입니다. 즉 동일한 노력을 투자해서 더 큰 결과물을 얻어내는 것이 궁극적 목표라 할 수 있습니다. 더 큰 영업이익을 얻기 위한 방법은 크게 두 가지일 겁니다. 하나는 매출액을 늘리는 것이고, 다른 하나는 매출원가를 줄이는 것이죠. 동일한 매출액이라면 매출원가가 줄어드는 것이, 동일한 매출원가라면 매출액이 늘어나는 것이 더 큰 영업이익을 발생시킵니다.

이 과정을 직접적으로 확인하기 위해서는 올해의 매출총이익을 자사의 작년 수치 혹은 경쟁사의 수치와 비교해보는 것이 일반적입니다. 실무에서는 작년과 비교·분석하는 방법이 가장 보편화되어 있습니다. 만약 작년에 비해 매출원가에 변동이 있다면 그 요인을 찾아 관련 팀 담당자에게 전달하고, 개선을 위한 다양한 방법들을 찾아볼 수 있을 겁니다.

일반적으로 매출원가가 변동하는 이유는 제품이나 상품 등의 각 개별 원가가 변하기 때문인데, 이는 원재료 혹은 인건비의 인상에 큰 영향을 받습니다. 사실 이 부분에 대한 개선을 실무 차원에서 하는 것은 거의 불가능하다고 봐야 할 겁니다. 하지만 원인을 확인하고 해당 내용을 관련 부서에 전달하는 것만으로도 충분합니다.

✦ 판관비와 영업이익 ✦

판관비의 경우 회사에서 가장 많이 통용되는 부분이기 때문에 그렇게 낯설지는 않으실 겁니다. 우리가 받는 월급, 팀워크를 다지기 위한 회식에 소요되는 비용, 물건을 배송하기 위해 쓰는 포장운반비 등등 이렇게 우리가 회사에서 흔히 접하는 대부분의 비용들이 바로 판관비에 포함됩니다.

'비용 절감'이라는 이야기를 많이들 들어보셨을 겁니다. 이때 비용 절감은 판관비를 절약하자는 뜻입니다. 물론 무작정 비용을 줄이기만 하라는 의미는 아닙니다. 필요한 비용은 효율적으로 사용하되 혹시라도 모를 낭비를 없애자는 의미지요. 즉 어떤 비용이 업무에 필요한지 혹은 필요하지 않은지를 꼼꼼히 따져보고, 업무에 불필요한 비용을 효과적으로 줄여서 연초에 설정한 예산 목표보다 덜 사용하는 것이 궁극적인 목표입니다. 이것은 결코 쉬운 일이 아닙니다. 업무에서 개선해야 할 부분이 무엇인지를 지속적으로 고민해야만 그 해답을 얻을 수 있기 때문입니다.

그렇다면 우리는 왜 비용을 절감해야 하는 걸까요? 우선 앞서 소개드렸던 공식을 다시 한번 떠올려봅시다.

①매출액(영업수익) - ②매출원가 - ④판매비와관리비 = ⑤영업이익

회사에서 발생시킨 매출에서 매출원가와 판관비를 제하면 비로소 영업이익이 나옵니다. 영업이익이란 사실상 1년간의 회사 영업활동에 대한 성적표이고, 우리는 이 성적표를 통해 각자 업무에 대한 평가를 받게 됩니다. 회사에서 가장 중요한 활동인 영업활동을 통해 얻어진 최종 결과물이 영업이익이기 때문에 이는 회사의 지속성과 성장 가능성을 가늠하는 핵심적인 지표가 됩니다. 그래서 회사 전체의 영업이익을 관리하는 것은 매우 어렵고, 또 중요합니다. 매출원가와 판관비의 절감은 영업이익을 효과적으로 관리하는 방법 중 하나라고 할 수 있습니다.

회사의 영업이익이라는 것은 각각의 사업 단위의 영업이익이 합쳐진 숫자입니다. 따라서 회사는 각 사업별로 손익계산서를 작성하고 각 사업 단위의 영업이익을 관리합니다. 물론 이 과정은 생각보다 많이 까다롭습니다. 여러 팀의 이해관계가 복잡하게 얽히고설켜 있기 때문입니다. 만약 여러 팀이 공동으로 사용한 비용이 있다고 가정해보겠습니다. 먼저 그 비용을 어떤 기준으로 나눠서 부담할지에 대해 모두가 납득할 만한 기준을 마련해야 합니다. 또 기준을 세웠다고 하더라도 각 팀에서 예상했던 것보다 많은 비용이 부과되어 해당 사업의 이익에 직접적인 영향을 받았다고 판단되면, 각 이해관계자끼리의 의견 다툼도 피하기 어려울 겁니다. 그래서 끊임없이 크고 작은 조율 작업을 진행해야 합니다.

그러나 이 수많은 어려움에도 불구하고 이 업무를 결코 소홀히 할 수 없는 이유는 각 사업별로 매출에 따른 이익이 제각각이기 때문입니다. 각 사업별 영업이익을 별도로 관리해야만 어떤 사업이 가장 수익성이 좋은지 판단할 수 있습니다. 또 이를 바탕으로 사업의 우선순위를 결정하고 회사의 중요한 의사결정을 무리 없이 내릴 수 있습니다.

마찬가지로 실무자 입장에서도 영업이익을 통해 스스로 진행한 프로젝트의 사업성을 확인할 수 있습니다. 혹시 계획한 만큼의 영업이익이 나오지 않았다면 매출이 부족했던 것은 아닌지, 원가가 올라간 것은 아닌지, 예상하지 못한 비용이 발생한 것은 아닌지 체크해볼 수 있을 겁니다. 반대의 경우, 소위 '대박'이 나서 영업이익이 폭발적으로 늘어나게 되었다면 대박의 원인 역시 알아봐야 할 겁니다. 우리 제품이 시장의 어떤 트렌드에 부합했는지, 어떤 마케팅이 효과적이었는지 말이지요. 이러한 분석 과정을 통해 산출된 원인이 정확한 효과로 이어졌다는 결과가 나오면, 그 분석 보고서는 최고의 보고서로 인정받게 될 것입니다.

✦ 계정과목 ✦

계정과목이란 각 계정에 항목별로 붙이는 명칭을 뜻합니다. 계정과목은 회사별로 새로 생성하거나 이름을 변경해 사용할 수 있습니다. 다만 본질적인 기준은 동일하게 유지되어야 합니다. 즉 사용된 비용의 목적과 그 계정과목 이름이 적절하게 일치해야 한다는 의미입니다. 예를 들면 연구 목적의 도서를 구입했는데, 이 계정과목을 홍보 목적의 '광고선전비'로 인식할 수는 없겠지요. 하지만 서로 유사한 성격의 경우에는 계정과목명을 바꿔 사용할 수 있습니다. 예를 들어 보고서를 출력하기 위해 인쇄를 하고 비용을 지급한 경우 '인쇄비'로 처리하는 회사가 있는 반면, '도서자료비'나 '조사비'

등으로 처리하는 회사도 있습니다. 따라서 계정과목을 전부 다 암기하는 것보다는 자신이 속한 회사의 손익계산서를 찾아 주요 계정과목의 이름을 익혀두시는 것이 업무 진행에 훨씬 효율적입니다.

지금부터는 공통적으로 사용되는 계정과목의 내용에 대해 설명 드리고자 합니다. 대부분의 회사에는 공통적으로 사용하는 계정과목이 있습니다. 예를 들면 복리후생비, 접대비, 회의비, 지급수수료 등입니다. 다음은 업무에 주로 사용되는 계정과목 리스트입니다. 급여, 퇴직급여, 복리후생비, 회의비, 교통비, 접대비, 통신비, 세금과공과금, 수선비, 보험료, 차량유지비, 경상개발비, 교육비, 도서비, 소모품비, 지급수수료, 포장비, 광고선전비, 감가상각비, 무형자산상각비, 잡비 등입니다.

리스트 자체만 보면 종류도 많고 복잡해 보이지만 한 번만 잘 익혀두면 두고두고 업무에 편하게 적용할 수 있습니다. 한 번 눈에 익으면 계정을 잘못 지정해서 비용결의서를 반려당할 일도 없을뿐더러, 업무 관련 커뮤니케이션도 훨씬 수월해질 겁니다. 계정과목별 중요도도 구분할 수 있을 테고요. 그럼 이제 각 계정과목을 하나하나 살펴보겠습니다.

급여

'급여'는 말 그대로 업무에 종사하는 임직원의 월급을 말합니다. 가장 중요한 비용이고 우선순위가 높기 때문에 언제나 제일 상단에 위치합니다. 일반적으로 '인건비'라는 용어는 급여에 퇴직급여를 합산한 비용을 말합니다.

퇴직급여

'퇴직급여'는 퇴직금을 기준으로 하고 있습니다. 퇴직금은 근로기준법 또는 노사 간 단체협약에 의해 근로자가 퇴사하게 될 경우 바로 지급되는 일시금을 말합니다. 퇴직급여는 보통 '퇴직급여규정'으로 명문화되는데 이 내용에 퇴직금 산정 기준이 기재되어 있고, 일반적으로 평균임금으로 계산하게 되어 있습니다. 일정 기간 동안 근무한 임직원의 퇴직금을 산정해 손익계산서에 반영한 내역이며, 퇴사 직전 3개월의 평균임금을 기준으로 계산하는 것이 일반적입니다.

복리후생비

'복리후생비'는 임직원의 복리후생을 위해 지출하는 비용으로서 작업 능률의 향상을 기하기 위해 간접적으로 부담하는 시설유지비, 경비 등을 말합니다. 여기에는 일반적인 회식대, 국민연금 회사부담분, 고용보험, 산재보험 회사부담분 등 임직원의 복리후생을 위해 지출한 비용이 포함됩니다. 회사의 사업을 위해 외부에서 지출되는 접대비와 구분됩니다.

회의비

'회의비'는 회의 시 소요되는 비용으로서 여기에는 회의에 사용된 식대 및 음료대, 회의용 소모품비 등을 포함하고 있습니다. 거래처와 식사를 할 경우 음주 여부 및 목적에 따라 접대비로 분류되기도 합니다. 그리고 이때는 반드시 외부 직원이나 거래처 담당자 등이 포함되어 있어야 합니다. 회사 내부 직원들만 참석한 회의의 경우 복리후생비로 처리하게 됩니다.

교통비

'교통비'는 임직원에 관한 여비 및 교통비를 처리하는 계정입니다. 여기에는 교통비, 항공료, 출장비, 숙박료, 식사대, 주차료, 통행료, 지하철 운임비 등이 포함됩니다.

접대비

'접대비'는 일반적으로 회사의 영업과 관련해 타인에게 금전을 제외한 재화나 기타 서비스를 제공할 때 특정인에게 소요되는 비용을 말합니다. 거래처에 지출한 주대(술값), 음료대, 선물비용, 경조사비 등이 해당됩니다. 아울러 특정 거래처에 대해 영업우수자 포상을 위한 상품권 구입 등도 접대비에 해당됩니다. 접대비는 회사의 매출액에 비례한 사용 한도가 있기 때문에 특히 꼼꼼히 관리해야 합니다. 그리고 국세청이 지정한 적법한 증빙의 여부에 따라 접대비로 인정을 받기도 하고 제외되기도 합니다. 주식회사의 경우 반드시 법인카드로 사용된 금액만 인정됩니다. 개인카드로 사용된 금액은 접대비로 인정되지 않습니다.

접대비 기준을 엄격하게 지켜야 하는 이유는 실제로 접대를 위해 사용했다 하더라도, 세무회계상으로 접대비 인정을 받지 못하면 제외된 금액만큼 추가로 세금을 납부해야 하기 때문입니다. '그 금액이 얼마나 되겠어?' 하실 수도 있지만 모아보면 정말 상당한 금액이 됩니다. 더욱이 접대비 사용 목적이 분명하지 않을 경우 비용을 인정받지 못함은 물론 접대비 사용자의 소득으로 이동하게 됩니다. 해당 당사자는 근로소득세가 추가되어 내지 않아도 될 세금을 내야 하겠지요. 접대비의 적격증빙 자료는 세 가지입니다. 신용카드매출전표(반드시 법인 명의의 카드를 사용해야 함), 세금계산서, 사업자증빙용 현금영수증입니다.

이 외에 문화비로 인정되는 '문화접대비'가 있습니다. 이는 접대비 한도의 20%까지 초과 사용 가능하며, 내용은 접대용으로 사용한 문화·예술 관련 비용입니다. 회사가 연극, 공연, 전시회, 스포츠 관람권 등을 구입해 접대용으로 사용하게 되는 경우입니다.

통신비

'통신비'는 인터넷 사용료, 전화료, 우편료, 우표, 엽서 등으로 사용되거나 지출되는 비용을 처리하는 계정입니다.

세금과공과

'세금과공과'는 회사에 대해 국가 또는 지방자치단체가 부과하는 조세와 공공적 지출에 충당할 목적으로 조합, 상공회의소 등의 각종 공공단체가 부과하는 회비나 부과금 등입니다. 아울러 벌금, 과태료 등의 특정 행위의 제재를 목적으로 하는 과징금을 처리하는 계정과목입니다.

수선비

'수선비'는 유무형 자산의 원상회복을 진행하거나 기능 유지를 위해 지출하는 비용입니다. 여기에는 건물 수선비, 기계 수선비, 공기구 수선비, 비품 수선비, 유지보수료 등이 포함됩니다. 아울러 동산 및 부동산을 수선·복구하는 경우에 사용되는 비용도 이 계정에 속합니다.

보험료

'보험료'는 회사가 소요한 자동차의 보험료, 보증보험료, 책임보험료, 화재보험료, 손해보험료 등을 처리하는 계정입니다.

차량유지비

'차량유지비'는 회사 소유 차량에 사용되는 유류대, 수리부품, 검사수수료, 세차, 타이어 교환 등에 소요되는 비용을 말합니다.

경상개발비

'경상개발비'는 회사가 특정 제품이나 상품의 개발을 위해 진행된 활동과 관련해 지출한 비용을 말합니다. 일반적으로 경상개발비 내 세목으로 다시 나누어 이를 사용 목적에 따라 구분·관리하는 것입니다. 하나의 예를 들어보겠습니다. 도서를 인쇄하고 판매하는 출판사의 경우 경상개발비 세목은 원고료, 검토료, 디자인비, 삽화비, 녹음비, 번역료, 조판비, 교수설계, 출력비, 애니메이션, 기타 등으로 구분됩니다. 이러한 세목으로 나누어 구분·관리하는 이유는 그 사용 목적에 맞게 정확히 비용이 집행되었는지 점검하고자 하는 것입니다. 그래야만 업무 당사자와 회계팀 담당자의 커뮤니케이션이 좀 더 명확해지기 때문입니다.

교육비

'교육비'는 임직원의 교육을 위해 지출한 비용을 처리하는 계정으로 강사 초청료, 연수원 임차료, 학원 연수료, 위탁교육 훈련비, 학회 참가비 등이 이에 해당됩니다.

도서비

'도서비'는 도서를 구입하고 이에 대한 대가를 지불할 때 사용하는 계정으로 신문 구독료, 도서대금 등이 이에 해당됩니다. 추가적으로 서체 구입비, 사진·이미지 구입비 등을 이 계정에 포함하기도 합니다.

소모품비

'소모품비'는 소모성 자재대금으로서 복사기 및 팩스 부품 교체비, 복사용지, 건전지, 전구, 청소용품, 화장지, 필기구 및 기타 1년 이내에 소모되는 소품 등의 구입비용이 이에 해당됩니다.

지급수수료

'지급수수료'는 용역을 제공받고 이에 대한 대가로 지불하는 비용으로서 세무수수료, 특허권 사용료, 법률자문비 등 이와 유사한 비용 및 송금수수료, 금융권 관련 제수수료 등이 이에 해당됩니다.

포장비

'포장비'는 상품이나 제품 등의 포장 과정에서 발생하는 비용이나 판매와 관련해 회사의 상품이나 제품을 거래처에 운반해주는 과정에서 발생하는 비용을 말합니다. 박스비, 선박운임, 항공운임, 택배비용, 퀵서비스비용 등이 포함됩니다.

광고선전비

'광고선전비'는 재화 또는 용역의 판매촉진이나 회사 이미지 개선 등의 선전 효과를 위해 불특정다수인을 대상으로 지출하는 비용을 말합니다. 예를 들면 광고물 구입비, 광고제작 의뢰비, 광고물 배포비, 홍보영상 제작비, 매체 사용료 등이 속합니다. 통상 회사 내 높은 비율의 비용을 사용하는 계정이기 때문에 주목도가 가장 높습니다. 비용 지출 대상이 불특정다수인이라는 점이 중요합니다. 특정인을 대상으로 한 비용은 접대비에 속하게 됩니다.

감가상각비

'감가상각비'는 주로 유형자산의 상각에 적용되는 계정과목입니다. 유형자산은 시간이 흐르면서 경제적 가치가 떨어지게 됩니다. 이러한 감소되는 가치를 일정한 기준에 맞게 적절한 비용으로 적용하는 것이 감가상각비입니다(감가상각비 종류는 뒤편 '재무상태표-자산'에서 자세히 다룹니다).

무형자산상각비

'무형자산상각비'는 자산의 형태가 없는 무형자산의 감가상각비입니다. 예를 들면 산업재산권, 영업권, 저작권, 개발비 등의 상각비가 해당됩니다. 이것도 감가상각비와 유사하게 일정한 기준에 맞게 적절한 비용으로 적용됩니다.

이러한 감가상각비와 무형자산상각비와 연결되는 계정과목으로는 비품과 소프트웨어가 있습니다. '비품'은 회사 내에서 사용하는 물품을 구입하는 계정으로 에어컨, 복사기, 컴퓨터, 프린터, 사무용 집기 등이 해당됩니다. '소프트웨어'는 오피스 프로그램, ERP 프로그램 등 컴퓨터 소프트웨어 등을 구입할 경우 사용합니다.

잡비

'잡비'는 상대적으로 중요성이 떨어지거나 특정 계정과목에 포함시키기 어려운 경우 또는 일회성 지출에 사용되는 비용을 모아놓은 계정입니다.

잡급

'잡급'은 업무의 필요에 따라 고용한 임시직의 급여를 말합니다. 즉 일용근로자나 아르바이트생을 채용하고 이에 대해 지급한 비용을 말합니다.

✦ 영업외손익 ✦

영업외수익이란 회사의 정관(定款)*에 기재된 사업 목적 이외 별도로 발생한 수익을 말합니다. 즉 영업활동을 통해 발생한 매출액 외 나머지 수익 모두를 합친 것이라고 이해하시면 됩니다. 영업외수익에 해당하는 계정과목은 다양하지만 여기서는 실무에서 주로 사용되는 계정 다섯 가지만 설명드리겠습니다.

첫째, 이자수익입니다. 이자수익은 말 그대로 금융기관에 현금을 예금하거나 다른 사업자나 개인에게 돈을 대여했을 때 그 이자로 발

---

*   회사, 공익 법인, 각종 협동조합 등의 목적과 조직에 대한 업무 집행에 관한 자주적이고 근본적인 규칙.

생한 수익입니다. 따라서 실무적으로 예측이 가능한 수익입니다.

둘째, 배당금수익입니다. 이 계정은 타 회사의 주식을 갖고 있다가 배당금을 받을 경우 적용합니다. 이 역시 어느 정도 예측이 가능한 수익이라 할 수 있습니다.

셋째, 투자 목적으로 취득한 자산에 대한 수익입니다. 이때 수익을 인식하는 방법은 두 가지로 나뉩니다. 취득한 자산이 구입했던 당시의 금액과 비교해 기말에 가치가 올라갔을 경우, 그 차액을 '투자자산평가이익'이라고 부릅니다. 그리고 그 금액만큼 수익으로 반영합니다. 만약 투자자산을 매각해 수익이 발생했을 경우, 즉 매각 가격이 당초 매입가보다 높아 차액이 생기면 '투자자산처분이익'이란 계정을 사용합니다. 얼핏 비슷해 보이는 용어지만 그 기준은 완전히 다릅니다. 하나는 소유하고 있으면서 예상되는 수익을 반영한 것이고, 하나는 매각해서 실제로 발생한 수익을 기재하는 것이니까요. 비슷한 계정으로는 '유형자산처분이익'이라는 것이 있습니다. 회사 내 유형자산(토지, 건물, 컴퓨터, 비품 등)을 외부에 매각했을 때 발생되는 이익을 처리한 계정이며, 이때도 처분이익이라는 용어를 사용합니다.

물론 투자 목적 취득 자산을 통해 늘 이익만 얻는 것은 아닙니다. 애초에 매입한 금액에 비해 기말에 평가받은 금액이 더 낮은 경우에는 '투자자산평가손실' 또는 '투자자산매각손실' 계정을 이용합니다. 그리고 계정은 손익계산서의 '영업외비용'으로 인식합니다.

넷째, 외화에 대한 수익입니다. 이 역시 수익을 인식하는 방법은 두 가지로 나뉩니다. 하나는 '외환차익'으로 환율이 변동하면서 발생되는 이익입니다. 예를 들어 해외에 있는 거래처와 거래를 한다고 가정해보겠습니다. 거래처에 제품을 판매해 외화를 받았는데 갑자기 환율이 올라간다면, 실제로 우리가 받을 금액은 예상보다 높아지게 됩니다. 반대로 거래처에서 제품을 구입해 외화를 보내는데 갑자기 환율이 내려가게 된다면, 처음 지불하려고 했던 금액보다 비용이 절감되겠지요. 단 이것은 정기적으로 거래가 발생한다는 전제를 필요로 합니다.*

외화에 대한 수익 중 또 다른 하나는 '외화환산이익'입니다. 우리가 현재 보유하고 있는 외화자산이나 외화부채를 기말에 평가했을 때, 환율의 변화로 그 가치가 달라진 경우라고 생각하시면 됩니다. 즉 투자자산평가이익과 마찬가지로 현금이 오고 가지 않은 상태에서 일정 기말 시점을 기준으로 평가해 그 차액을 반영하는 것입니다. 이때 투자자산평가이익과 다른 점은 환율의 적용을 받는다는 점입니다.

수출이나 수입을 주로 진행하는 회사들의 경우 특히 환율의 영향을 많이 받게 됩니다. 따라서 환율 변동에 매우 민감할 수밖에 없습니다. 환율 변동으로 늘 이익만 발생한다면 더없이 좋겠지만 손

---

* 반복적이지 않거나 특별하게 발생할 경우에는 외환차익 대신 특별이익이라는 용어를 사용한다. 이 외환차익은 실제로 현금이 오고 가는 경우에 표시한다.

해를 보는 경우도 당연히 발생합니다. 이때는 '외화환산손실'이란 계정으로 손실이 발생한 금액만큼 표시해줍니다. 또한 외환차익의 경우에도 '외환차손'이란 계정을 사용해 손해 본 금액을 반영합니다. 이 계정들은 회계 실무자들이 예측하기가 상당히 어렵습니다. 환율의 변동 폭을 정확히 예측하기란 외환 딜러에게도 쉬운 일이 아니기 때문입니다.

마지막 다섯째 영업외이익은 지분법 관련 이익입니다. 해당 내용은 회계 실무자들도 가장 어려워하고 힘들어하는 내용이니 좀 더 자세히 설명드리겠습니다.

우선 지분법 관련 이익에는 '지분법이익'과 '지분법적용투자주식처분이익' 그리고 '지분법적용투자주식평가차익'이 있습니다. 용어 자체가 어려워 뜻을 연상해내기 어려울 겁니다. 지분법은 다른 회사에 투자한 비율이 20%를 초과해 그 회사에 중대한 영향력을 행사할 수 있는 것을 말합니다. 지분법적용투자주식은 지분법과 거의 비슷한 성격이지만 투자 지분율이 20% 미만이어도 중대한 영향력을 행사할 수 있는 경우를 의미합니다.

여기서 중대한 영향력(significent influence)이란, 투자한 회사가 투자받은 회사의 재무 및 영업 정책에 대한 의사결정 시 실질적인 영향을 미칠 수 있는 능력을 말합니다. 예를 들어 이사회에 참여한다거나, 이에 준하는 의사결정기구에서 의결권을 행사하는 것을 떠올리시면 됩니다. 대체적으로 투자받은 회사는 투자를 한 회사와 직접적인 연관(정보제공 및 공급계약 등)을 맺는 경우가 많습니다. 또는 투자받은 회사의 재무 및 영업 정책에 관한 의사결정에 참여할 수 있는 임원을 투자한 회사의 구성원 중에서 선임하기도 합니다.

지분법 회계는 투자받은 기업의 이익 또는 손실을 투자한 회사의 손익에도 지분율만큼 반영하는 제도입니다. 투자한 회사가 투자받은 회사의 지분 20% 이상을 갖고 있을 경우 지분법 회계를 적용합니다. 그 이유는 투자한 회사가 투자받은 회사의 배당 정책을 함부로 조정하거나, (두 회사 간 내부거래를 통해) 순이익을 조작하는 위험을 방지하기 위함입니다.

'지분법적용투자주식처분이익'과 '지분법적용투자주식평가차익'이란 단어를 살펴보면, 계정 중간에 '처분이익'과 '평가차익'이란 단어가 포함되어 있습니다. 그러니 이 둘은 '처분했을 때 발생하는 이익'과 '기말에 지분법을 평가했을 때 반영되는 회계적인 이익'이라는 정도로만 구분해두시면 됩니다. 물론 지분법의 경우에도 손실을 보는 경우가 있습니다. 이럴 경우 이익의 반대인 손실을 적용해 '지분법손실' '지분법적용투자주식처분손실' '지분법적용투자주식평가손실'이 됩니다. 그리고 이 계정들은 영업외비용에 귀속됩니다.

영업외수익에 속하는 계정과목들은 용어가 길고 낯선 것이 많습니다. 그러나 평가차익과 평가손실, 처분이익과 처분손실 등 서로 상반되는 용어를 사용해 영업외수익과 영업외비용으로 각각 귀속시킨다는 점을 생각하면 기억하기 한결 수월해질 겁니다.

마지막으로 '잡이익'이란, 소액의 이익이 발생했는데 특별히 적용할 만한 계정이 없고 금전적 중요성이 약할 경우 사용하는 계정입니다. 예를 들면 반품을 받은 제품을 폐기 처리해 일부 대금을 회수한 경우가 대표적인 사례입니다. 이때 들어온 수익은 잡이익으로 처리됩니다. 반대로 잡손실이 발생하면 영업외비용으로 귀속됩니다. 잡손실은 잡이익과 반대되는 개념으로 소액의 손실이 발생했을 때 적용하며, 교통 범칙금이나 주차위반 과태료 등과 같이 영업이나 자산의 변동 없이 소요되는 소액의 비용이라고 생각해두시면 됩니다.

일반적으로 영업외수익에서 영업외비용을 제한 금액을 통칭해 '영업외손익'이라고 합니다.

재무상태표

✦ 재무상태표란? ✦

재무상태표는 손익계산서와 더불어 재무제표에서 가장 중요한 보고서 중 하나입니다. 참고로 손익계산서에서 최종 도출된 당기순이익은 재무상태표의 자본에 기재됩니다. 이는 결국 재무상태표가 손익계산서의 최종 결과를 포함하고 있다는 의미가 되겠지요. 각 회사에서 결산을 완료한 후 공시하는 재무상태표는 일반적으로 1년에 한 번 공식적으로 발표합니다. 경제신문 등에 게재되어 있는 회사의 결산공고는 대부분 이 재무상태표를 의미하는 것이라고 생각하시면 됩니다.

재무상태표의 구성은 다음과 같습니다.

자산(총자본) = 부채(타인자본) + 자본(자기자본)

자산은 회사가 실질적으로 소유한 것들을 화폐의 가치로 평가해 총합을 낸 것을 의미합니다. 남에게 빌려와서 언젠가는 돌려줘야 하는 부채까지 자산이라고 인식하는 이유는 '현재는' 회사가 이 모든 것을 소유하고 있기 때문입니다. 그리고 전체 자산에서 이 부채(타인자본)를 제외한 것은 온전히 회사의 재산인 '자본'이라고 부릅니다.

여기서 자산은 다시 유동자산, 비유동자산으로 나누어집니다. 이때 유동과 비유동을 구분하는 기준은 '1년'이라는 기간입니다. 재무회계에서 '회사가 필요할 때 자산을 안전하게 화폐로 전환할 수 있는 정도'를 '유동성'이라는 용어로 표현합니다. 그러므로 1년 이내에 화폐 전환이 가능하면 유동자산, 전환 기간이 1년 이상 소요될 경우에는 비유동자산이라고 생각하시면 됩니다. 부채도 마찬가지입니다. 1년 이내에 상환해야 하는 것을 유동부채라고 칭하고, 1년 이상의 기간이 남아 있는 부채를 비유동부채라고 합니다.

재무상태표의 구성을 좀 더 세부적으로 표현하면 이런 등식이 성립합니다.

자산(유동자산 + 비유동자산) = 부채(유동부채 + 비유동부채) + 자본

그렇다면 재무상태표가 중요한 이유는 무엇일까요? 우리는 이 표를 통해 회사의 재무상태를 확인할 수 있기 때문입니다. 회사란 궁극적으로 자신이 가지고 있는 자산을 팔아 이익을 얻음으로써 그 자산을 더 키워나가는 존재입니다. 따라서 회사가 팔 수 있는 무언가가 있어야 하고, 그 무언가를 만들기 위해 자금이 필요합니다. 재무상태표를 통해서 현재 가지고 있는 것(자산)과 그 자금의 조달 규모와 방법(부채+자본)을 확인하는 거죠.

자산	부채
	자본

예를 들어 우리가 3억 원짜리 집을 산다고 가정해봅시다. 물론 원래 가진 돈(자기자본)만으로 집을 구입할 수 있다면 좋겠지만 현재 가지고 있는 돈은 1억 원뿐입니다. 그래서 은행에서 2억 원을 빌리기로 합니다. 그리하여 드디어 우리에게는 3억 원짜리 결과물(자산)이 생겼습니다.

집(자산)	은행 대출(부채)
	갖고 있는 현금(자본)

시간이 지나 다행스럽게도 집값이 올랐습니다. 3억 원에 산 집

이 5억 원에 팔린다는 말을 듣고 얼른 집을 팔았습니다. 은행에서 빌린 2억 원을 갚고 나니 수중에 3억 원이 생겼습니다. 원래 가지고 있던 현금이 1억 원이니 2억 원의 수익이 생긴 셈입니다. 즉 집을 팔면서 생긴 이익으로 기존에 갖고 있던 현금(자기자본)이 늘어난 거죠. 하지만 만약에 집값이 떨어졌다고 가정해볼까요? 3억 원에 산 집을 눈물을 머금고 2억 5천만 원에 팔았습니다. 우선 은행에서 빌린 2억 원을 갚습니다. 남은 돈은 5천만 원뿐입니다. 원래 가지고 있던 현금이 1억 원에서 5천만 원으로 줄어든 셈입니다.

이렇게 자산을 팔아서 생기는 이익은 자본에 포함됩니다. 반대로 손해가 생기게 되면 자산과 함께 자본이 줄어들게 됩니다. 그럼 부채에 대한 심리적 부담은 더 커질 수밖에 없겠지요. 따라서 회사는 끊임없이 자산을 늘리는 활동, 그리고 이를 통해 부채를 줄이는 활동을 하게 됩니다. 이 모든 행동의 기준이 되고, 또 최종적인 결과가 반영되는 것이 바로 재무상태표입니다. 즉 재무상태표란 이익을 늘려서 회사의 재산이 늘어나게 하는 것을 확인할 수 있는 보고서라고 기억해두시면 됩니다.

◆ 자산 ◆

앞서 자산에 대해 잠깐 설명드렸습니다. 자산이란 향후 회사에 직간접적으로 경제적 효익(돈)을 가져다줄 것으로 기대되는 자원을 일컫습니다. 즉 앞으로 돈을 벌어다 줄 잠재력을 의미합니다. 이 잠재력은 시간의 흐름으로 구분하게 되는데, 1년이라는 기간을 기준으로 유동자산과 비유동자산으로 구분합니다.

그렇다면 자산을 유동과 비유동으로 구분해 관리하는 이유는 무엇일까요? 이는 회사가 자산을 단기적으로 운용하는지, 혹은 장기적으로 운용하는지 쉽게 파악하기 위해서입니다. 만약 유동자산이 비유동자산보다 많다면 단기간 내 현금이 증가했음을 알 수 있

자산의 종류

자산	유동자산	당좌자산
		재고자산
		기타 유동자산
	비유동자산	투자자산
		유형자산
		무형자산

고, 비유동자산이 유동자산보다 많다면 회사가 단기적 관점보다 장
기적 관점으로 투자를 많이 하고 있다고 판단할 수 있습니다. 부채
의 개념도 유사합니다(유동부채, 비유동부채에 관한 내용은 '재무상태표-
부채'편에서 설명하겠습니다).

　유동자산의 종류에는 크게 당좌자산, 재고자산, 기타 유동자산
이 있습니다. 그리고 비유동자산의 종류에는 크게 투자자산, 유형자
산, 무형자산이 있습니다.

유동자산-당좌자산

당좌자산은 직접적인 판매 과정을 거치지 않고 1년 이내에 현금화
가 가능한 자산을 말합니다. 대표적으로 현금과 보통예금, 단기금융
상품, 매출채권 등이 포함됩니다. 참고로 기타 당좌자산으로는 미수
금, 선급금, 미수수익, 선급비용, 이연법인세자산 등이 있습니다.

이 중에서 가장 중요한 것은 매출채권입니다. 이는 회사가 제품이나 상품을 거래처에 판매한 이후 그 대금을 받을 권리를 말합니다. 즉 외상대금을 의미합니다. 회사에서 무엇인가를 판매할 때 그 대가로 현금을 입금받기도 하지만 외상으로 물건을 먼저 넘겨주는 경우도 있습니다. 이때 회계에서는 '외상매출금'이란 계정을 사용합니다. 즉 외상으로 매출이 발생되어 그 금액을 거래처로부터 받을 권리가 있다는 의미입니다. 이 외상매출금을 약속어음이나 환어음으로 받을 경우에는 '받을어음'이란 계정을 사용하는데, 받을어음은 거래처가 지정된 날짜에 사전에 약속된 금액을 입금할 것이라는 증표입니다. 회계에서는 이 외상매출금과 받을어음을 합쳐 '매출채권'이라고 부릅니다.

매출채권 = 외상매출금 + 받을어음

만약 받을어음에 기재된 날짜까지 돈이 입금되지 않는다면 해당 어음은 부도 처리됩니다. 부도란 어음이나 수표를 갖고 있는 사람이 지급인·인수인 또는 발행인에게 지급을 요청했으나 거절되는 것을 말합니다. 물론 지급을 거절하려면 정당한 사유가 있어야 하는데 일반적으로는 예금부족인 경우가 가장 많습니다. 즉 어음을 발행한 기업의 영업활동이 크게 위축되거나 자금 사정이 안 좋아지면 이 같은 부도 사태를 맞게 되는 거죠.

이런 경우가 발생하면 영업 담당자는 거래처를 방문해 최종 부도 사실을 먼저 확인합니다. 그리고 기존에 출고되었던 제품이나 상품을 회수해 매출채권 잔액을 조정(잔액 확인)합니다. 이때 회사가 받아야 할 금액이 남아 있다면 가압류 신청을 하고, 이후 법원의 최종 판결을 받아 사전에 담보로 설정해두었던 물건을 매각합니다. 매각대금은 남아 있는 회사의 채권 잔액과 상계 처리하게 됩니다. 이 과정은 상당히 오랜 시간을 필요로 하고(짧게는 1년, 길게는 2~3년 이상) 연관된 서류들도 많기 때문에 업무 담당자에게 큰 부담이 될 수밖에 없습니다. 그리고 때로는 이 같은 과정을 다 거치더라도 채권을 미처 다 회수하지 못해 결국 손실 처리(대손 처리)하는 경우도 있습니다. 업무 중에 수시로 거래처를 방문하거나 실적을 확인하는 것은 이 같은 사태가 발생하는 것을 대비하기 위함입니다.

매출채권은 100% 회수된다는 가정하에 발급되지만 실상 전액 회수된다는 보장은 없습니다. 거래처가 중간에 파산한다거나 혹은 그에 준하는 돌발변수가 생겨 대금을 받을 수 없는 경우도 발생하기 때문입니다. 따라서 '일정 부분은 돌려받지 못할 수 있다'는 것을 전제로, 이런 불의의 상황에 대처할 수 있도록 일종의 보험금을 마련해놓습니다. 이 금액을 회계에서는 '대손충당금'이라고 부릅니다. 이 대손충당금을 최소화하기 위해서는 매출채권에 대한 정기적인 점검이 필수적입니다. 아울러 거래처의 신용상태를 사전에 체크해 적절한 담보를 받아두는 것도 중요합니다.*

유동자산－재고자산

이번에는 재고자산에 관해 알아보겠습니다. 재고자산은 회사가 본연의 사업을 진행하기 위해 보유하고 있는 자산으로, 제품, 상품, 원재료, 재공품 등이 포함됩니다. 이는 매출채권과 더불어 유동자산을 구성하는 중요한 요소이며, 관리 및 운영도 아주 중요하기 때문에 항상 관심을 기울여야 합니다. 참고로 재고자산은 판매를 목적으로 한다는 특징이 있습니다. 예를 들어 같은 제품이라고 해도 판매를 위해 가지고 있는 제품은 재고자산으로 분류되고, 연구 목적으로 보유하고 있는 제품은 비유동자산으로 분류된다고 이해하시면 됩니다. 물론 재고자산이 존재하지 않는 업종도 있습니다. 주로 서비스나 인력을 제공하는 용역 회사가 여기에 해당됩니다.

재고자산의 종류에는 제품을 만들기 위한 '원재료'와 공정 과정에 있는 '재공품' 그리고 제작이 완료된 '제품'이 있습니다. 또한 '상품'은 판매를 위해 외부에서 매입한 것으로, 자체 공정을 거치지 않았다는 특징을 가집니다. 재무상태표에는 이 네 가지 항목을 합친 금액을 재고자산 금액으로 표시합니다. 그리고 자산별 금액은 주석 사항에 구분해 기재하게 됩니다 .

재고자산은 정해진 시기별로 재고실사를 통해 관리됩니다. 현재 장부에 기재된 수량과 실제 물류센터에 있는 재고가 일치하는지를

---

* 만약 담보금액 이상의 채권이 쌓이게 된 경우에는 거래처가 보증보험에 가입해 늘어난 채권 금액만큼의 추가 담보를 증서로 전달하기도 한다. 이를 흔히 '매출채권보증보험'이라고 한다.

점검하는 것이지요. 코스닥 상장회사는 의무적으로 보통 1년에 최소 1~4회 정도 재고실사를 시행하며, 회계 기간이 끝나는 날에 진행하는 것이 일반적입니다. 이때 회사의 회계감사를 담당하는 공인회계사가 동석해 부족하거나 증가된 수량을 회계 기준에 맞게 조정·반영합니다.

재고자산은 그 자산별 금액을 정기적으로 산출해서 단가를 적용하고 있습니다. 그 이유는 재고자산의 매입가격이 매번 변하기 때문입니다. 제작하는 수량에 따라 제작단가가 달라 새로 입고되는 품목의 단가와 기존에 보관 중인 품목의 단가에 차이가 발생할 수밖에 없습니다. 그러므로 그때그때 변하는 금액을 매번 관리하는 것은 굉장히 복잡하고 어려운 작업입니다. 지금은 대부분의 회사가 마감이 끝나면 자사의 ERP 시스템을 통해 실제 원가를 계산해 각 품목마다 적용하는 사례가 많아지고 있습니다.

일반적으로 회사는 자사의 성격에 맞는 재고자산 평가 방법을 도입해 재고자산을 관리하며, 그 종류는 다음과 같습니다.

첫째, 선입선출법입니다. 먼저 들어온 제품(선입)이 먼저 판매된다(선출)는 가정하에 단가를 결정하는 방법입니다. 이는 실제 판매가 진행되는 흐름과 거의 유사한 방식이기도 합니다. 유통기한순으로 진열된 마트의 우유를 떠올려보세요. 예를 들어 1월에는 우유 하나가 정가 100원에 출고되었습니다. 2월에는 판매가가 인상되어 정가가 150원으로 올랐다고 가정해봅시다. 이 경우 출고품의 가격은 일찍 입고된 물품의 가격에 비해 높게 책정되어 있습니다. 이로 인해 원가는 동일하지만 판매가격 인상으로 이익은 커집니다. 즉 현재 반영되는 매출액은 과거에 들어온 재고의 원가가 적용되기 때문에 이익이 좀 더 늘어나게 되는 원리입니다. 아울러 재고자산의 금액도 후입선출법과 비교하게 되면 증가한 것으로 나오게 됩니다.

둘째, 후입선출법입니다. 이는 나중에 입고된 품목이 먼저 판매되어 출고된다는 가정하에 단가를 정하는 방법입니다. 이 방식은 현장에서 실제 판매가 이루어지는 방식과 동떨어지지만, 석유나 석탄 등 광물을 취급하는 회사의 경우에는 후입선출법을 적용한 사례가 많습니다.* 정유는 땅속에 창고를 만들어 보관하고 밸브 또한 위쪽에 있으므로 가장 최근에 구입한 기름부터 판매된다고 가정하는 거죠. 이를 적용하면 매출액 대비 판매된 원가가 높아 이익은 선입선출법에 비해 낮아집니다.

셋째, 이동평균법입니다. 이 방식은 새로운 품목이 입고될 때마다 그때까지 보관 중인 재고의 평균단가(가중평균단가)를 재계산해 실제 출고가 이루어질 때 적용하는 방법입니다. 입고되는 횟수가 많아질수록 계산하는 방법이 복잡해지고 업무가 많아진다는 단점은 있지만, 재고단가의 정확성을 높일 수 있습니다.

넷째, 총평균법입니다. 회계 기간 동안 총매입금액을 총입고수

---

* 한국채택국제회계기준(K-IFRS)에서는 후입선출법 적용을 금지하고 있으나 법인세를 적용하는 세법에서는 이를 인정하고 있다.

재고자산의 종류와 특징

구분	단가 결정	내용
선입선출법	선 입고 선 판매	실제 판매 방식과 유사함
후입선출법	후 입고 선 판매	실제 판매 방식과 차이가 있지만 일부 활용하는 사례가 있음(예: 정유, 석탄 등)
이동평균법	재고 평균단가	재고단가의 정확성 높으나 잦은 계산이 필요함
총평균법	총매입금액/ 총입고수량	실무적인 사용이 많으나 월 중에 단가 산정 어려움
개별법	개별단가	재고수량이 적은 경우 사용함(예: 보석, 명품 등)

량으로 나눠 총평균단가를 산출합니다. 여기서 나온 품목별 평균단가를 기말재고 수량에 적용해 재고자산을 산출하는 방법입니다. 가장 간편한 방법이기 때문에 실무에서 많이 사용됩니다. 그러나 계산을 월말에 하기 때문에 월중에 출고되는 품목별 원가는 산출이 어렵다는 단점이 있습니다.*

다섯째, 개별법입니다. 개별법은 각각의 재고자산을 단가별로 확인해 적용하는 방법입니다. 이 방법은 재고자산의 수량이 많은 경우에는 적용하기가 어렵습니다. 주로 개별 재고단가가 높은 귀금속이나 명품, 골동품 등에 적용됩니다.

참고로 회사는 하나의 재고자산 평가 방법만 선택해야 합니다.

---

* 총평균법과 이동평균법은 모두 가중평균단가를 산출해 적용하는 방법이다. 그래서 가중평균법이라고도 한다.

그리고 평가 방법을 변경할 때는 해당 세무서에 신고해야 합니다. 재고자산 평가 방법에 따라 회사의 이익이 변동되기 때문입니다. 실제로 제가 현재 일하고 있는 회사에서는 이동평균법을 적용하고 있으며, SAP 시스템을 통해 매월 평균단가를 재계산(실제 단가)해 재고자산에 반영하고 있습니다.

비유동자산-유형자산

유형자산은 회사가 사업 목적의 영업활동을 위해 소유하고 있는 '형태가 있는' 자산을 말합니다. 즉 눈에 보이고 손에 잡히는 자산이라는 의미입니다. 이 유형자산에는 건물, 토지, 기계장치, 차량, 비품(컴퓨터, 프린터, 책상 등 사무기구) 등이 포함됩니다. 하지만 이것은 직접 판매하는 것이 목적이 아니기 때문에 별도의 장부에 기재해 관리하게 됩니다. 작성 시에는 다음 네 가지의 기준을 따릅니다.

①구입시기 ②구입가격 ③사용연수 ④감가상각 종류

이런 기준을 적용하는 이유는 유형자산을 매입 시점에서 전부 비용으로 처리하는 것이 아니라, 영업활동 기간 동안 정해진 규칙에 따라 매월 일정 금액만큼 비용으로 인식하기 위해서입니다. 예를 들어 여러분이 회사에서 사용하는 노트북을 생각해보세요. 이 노트북은 외부에 판매할 목적으로 구입한 것은 아닙니다. 하지만 우리가 업무를 하는 데 필수불가결하고, 눈에 보이고, 손에 잡히는 대표적인 유형자산입니다. 그리고 일정 기간이 지나면 새로운 노트북으로 교체해야 합니다. 시간이 지날수록 기기가 점점 노후화되어 어느 순간 제 기능을 할 수 없게 되기 때문입니다. 이렇게 자산으로서의 가치가 소멸·감소되는 부분만큼을 비용으로 인식해 감가상각비를 추정합니다. 이 비용이 적용되어야만 자산의 가치와 손익을 더욱 정확하게 추정할 수 있습니다.

유형자산의 작성기준은 다음과 같습니다.

①**구입시기:** 이 자산을 구입해 설치한 일자를 의미합니다.

②**구입가격:** 자산을 매입한 가격을 의미합니다. 이때 자산을 매입하기 위해 추가로 지출된 금액(운반비, 설치비, 취득세, 등록세 등)은 자산금액에 합쳐서 구입가격에 포함시킵니다.

③**사용연수:** 이 자산이 사용될 수 있는 기간을 말합니다. 보통 자산의 구분에 따라 그 기간이 달라집니다. 예를 들면 건물과 비품의 사용연수는 서로 다를 수밖에 없습니다. 일반적으로 건물은 20년, 차량·집기·비품·임차시설물은 4~5년으로 내용연수를 산정하고 있습니다.

④**감가상각 종류:** 감가상각비를 산정하기 위해서는 감가대상금액(자산구입금액+부대비용)과 감가상각내용연수(사용연수), 그리고 감가상각 방법을 알아야 합니다. 감가상각의 방법에는 정액법, 정

률법, 생산량 비례법이 있습니다. '정액법'은 사용연수 기간 동안 매년 동일한 금액만큼을 상각시키는 방법입니다. 즉 자산가격이 200만 원이고 사용연수가 4년이면, 매년 50만 원씩 감가상각을 진행합니다. 감가상각비는 1년마다 손익계산서에 반영되어 매년 새롭게 계산되지만, 그동안 누적된 감가상각비는 감가상각누계액 계정에 차곡차곡 쌓여 재무상태표에 기재되며 이를 '간접차감법'이라고 부릅니다. '정률법'은 동일한 금액이 아닌 일정한 비율만큼 차감하는 방식입니다. '생산량비례법'은 통상 비례법이라고도 하며, 고정자산의 사용으로 생산된 양만큼 비례해 감가상각비를 적용하는 방식입니다.

일반적으로 실무에서 가장 어려워하는 부분은 매년 감가상각이 진행된 유형자산의 잔존가액이 얼마인가를 확인하는 것입니다. 자산의 잔존가액은 회사의 실질적인 자산금액을 파악하는 데 중요한 정보입니다. 하지만 보통 몇십 개에서 몇백 개씩의 자산을 팀별로 분리해서 관리해야 하기 때문에 이를 관리하는 것은 결코 쉬운 일이 아닙니다. 다행히 최근에는 ERP 시스템을 통해 자동계산 및 정리가 가능해 해당 업무에 대한 부담이 줄고 있는 추세입니다.

참고로 '토지'는 가장 대표적인 유형자산이지만 감가상각을 진행하지 않습니다. 그렇다면 이 같은 자산에 대한 평가는 어떻게 이루어질까요? 지금까지 토지는 '원가주의'에 입각해 취득 당시의 금액으로만 가치를 인정받았습니다. 그러나 국제회계기준(IFRS)이 도입되면서 원가주의 또는 재평가모형 중 하나를 선택하는 것이 가능해졌습니다. '재평가모형'이란, 회계 기간 마지막 날 해당 유형자산의 자산가액을 재평가받는 것입니다.* 이를 통해 자산의 가치의 평가가 달라지기도 합니다.

비유동자산-무형자산

무형자산은 영업활동을 위해 사용되는 자산 중 물리적 형태가 없는 자산을 말합니다. 개발비, 특허권, 저작권, 상표권, 소프트웨어, 영업권 등이 여기에 해당됩니다. 무형자산의 회계적 기준 및 적용은 유형자산과 대부분 비슷합니다. 유형자산과 같이 취득금액, 상각 방법, 평가 등이 적용됩니다.

다만 중요한 차이점이 하나 있습니다. 무형자산은 말 그대로 무형이기 때문에 유형자산과 달리 아래와 같은 세 가지 조건이 추가적으로 적용됩니다.

①식별가능성 ②자원에 대한 통제 ③미래 경제적 효익 가능성

---

* '재평가모형'을 선택해 자산가액이 올라간 경우에는 '재평가증가액' 계정, 자산가액이 내려간 경우에는 '재평가감소액' 계정에 비용을 각각 반영한다. 또한 한번 '재평가모형'을 선택하면 다시 '원가주의'로 돌아갈 수 없다.

①**식별가능성:** 해당 자산이 회사에 속해 있고, 개별적인 비용을 수치로 파악할 수 있어야 한다는 의미입니다.

②**자원에 대한 통제:** 해당 자산이 회사의 무형자산이 되기 위해서는 다른 누군가가 사용할 수 없어야 하며, 회사만이 해당 자산을 통해 고유한 경제적 효익을 가질 수 있어야 한다는 의미입니다. 누구나 다 사용이 가능하다면 그 자산은 회사의 무형자산이 될 수 없습니다.

③**미래 경제적 효익 가능성:** 해당 자산을 통해 회사가 수익(매출)을 창출할 수 있어야 한다는 뜻입니다.

대표적인 무형자산인 연구비와 개발비를 예로 들어보겠습니다. 보통 연구비와 개발비는 비슷한 의미로 인식되기 쉽습니다. 하지만 연구비는 수익을 목적으로 하는 것이 아닙니다. 말 그대로 연구를 목적으로 사용되는 비용입니다. 따라서 이는 자산으로 인식되지 않습니다. 대신 당해연도의 손익계산서에 경상개발비라는 비용으로 처리합니다. 하지만 개발비의 경우 차후 제품개발을 통해 미래의 수익(매출)을 가져오는 것을 목적으로 합니다. 따라서 무형자산으로 인식됩니다. 물론 이 역시 무형자산의 요건을 갖추어야 합니다. 내부의 자원을 투자해 독자적인 개발을 진행한 것이어야 하고, 이 결과물이 미래에 경제적 효익(매출)이 발생할 것으로 예상되어야 하며, 해당 개발에 대한 권리를 독점적으로 가지고 있어야 합니다. 또한 실제 투입된 비용을 정확한 금액으로 구분할 수 있어야 합니다.

만약 이 같은 조건들을 충족시키지 못하고 중도에 개발을 포기하거나 경제적 효익(매출)을 얻기 어려울 것으로 판단되면 그 비용은 당해연도의 손익계산서 내 비용으로 인식하는데, 이때 사용 되는 계정이 바로 영업외비용에 속하는 '무형자산손상차손'입니다. 아울러 개발비로 인정받았다 하더라도 이후 정기적으로 손상여부를 테스트해 감소된 경제적 가치를 감액시키게 됩니다. 이 역시 동일한 계정을 이용해 비용 처리를 진행합니다. 이러한 손상평가는 보통 분기, 반기, 연간 단위로 이루어집니다.

개발비는 손상평가 외에도 매월 감가상각을 적용해야 합니다. 매출이 예상되는 기간(사용연수) 동안 일정 금액을 비용으로 인식해 자산의 가치에서 차감시키는 건데요. 이때 유형자산과 차감하는 방식에서 차이가 발생합니다.

유형자산은 감가상각비를 감가상각누계액이란 계정에 누적시켜 자산의 잔존가액을 확인(간접상각법)하는 데 비해, 무형자산은 감가상각비를 자산에서 바로 차감하는 방식을 적용(직접상각법)하고 있습니다. 이 둘의 차이에서 감가상각비가 차감되어 남아 있는 자산의 잔존가액은 동일합니다.

유형자산과 무형자산의 감가상각 차이점을 비교하면 다음과 같습니다.

다음 표를 보시면 잔존가액은 유형자산(간접상각법)이나 무형자

유형자산과 무형자산의 감가상각 비교

연차	유형자산: 간접상각법		무형자산: 직접상각법	
	구분	금액	구분	금액
1년 차	①자산가액	100	①자산가액	100
	②감가상각비	25	②무형자산상각비	25
	③감가상각누계액	25	③무형자산상각누계액	–
	④잔존가액 (①－③)	75	④잔존가액 (①－②)	75
2년 차	①자산가액	100	①자산가액	75
	②감가상각비	25	②무형자산상각비	25
	③감가상각누계액	50	③무형자산상각누계액	–
	④잔존가액 (①－③)	50	④잔존가액 (①－②)	50
3년 차	①자산가액	100	①자산가액	50
	②감가상각비	25	②무형자산상각비	25
	③감가상각누계액	75	③무형자산상각누계액	–
	④잔존가액 (①－③)	25	④잔존가액 (①－②)	25

산(직접상각법)의 합계가 동일하다는 것을 확인할 수 있습니다. 차이점은 '③감가상각누계액의 기재 여부'입니다. 유형자산은 ③감가상각누계액을 같이 기재하지만, 무형자산은 ③무형자산상각누계액 없이 바로 잔존가액으로만 표시합니다. 다만 증가하고 감소한 금액은 주석에 기재하게 되어 있습니다.

그렇다면 예를 들어 많은 회사들이 노력과 비용, 시간을 투자해 관리하는 '브랜드 가치'는 무형자산에 포함될까요? 아니요, 아쉽게도 브랜드 가치는 무형자산으로 인정받을 수 없습니다. 왜냐하면 경제적인 가치를 객관적으로 측정해내기 어렵기 때문입니다. 다만 예외적으로 해당 브랜드를 경제적 가치로 측정해 일정한 금액(유상)으로 취득한다면 이때는 자산으로 받아들여집니다.

✦ 부채 ✦

부채란 회사 주주 이외의 다른 곳으로부터 빌린 자금을 말합니다. 부채에는 상환의 의무가 따르므로 타인자본이라고도 표현합니다. 부채는 자산과 마찬가지로 유동부채, 비유동부채로 구분되어 있습니다. 유동부채는 1년 이내에 상환 의무가 있는 것이고, 비유동부채는 일반적으로 지급기한이 1년 이상인 부채를 의미합니다.

부채라는 용어를 처음 듣게 되면 무의식적으로 거부감을 갖게 됩니다. 하지만 이는 일종의 고정관념일 뿐입니다. 회사가 가진 부채의 개념은 개인이 갖고 있는 빚의 개념과는 조금 다르기 때문입니다. 부채는 사업을 하는 동안 필수적으로 갖게 되는 하나의 결과물일 뿐 부정적으로만 바라볼 대상이 아닙니다. 오히려 부채를 잘 활용하면 더 많은 수익과 이익을 가져올 수 있습니다. 이것을 '레버리지 효과(지렛대 효과)'라고 부릅니다.

유동부채

그럼 먼저 유동부채에 대해 알아보겠습니다. 유동부채의 대표적인 계정으로는 매입채무, 미지급금, 단기차입금, 선수금, 예수금, 미지급비용, 환불부채가 있습니다.

'매입채무'는 외상매입금과 지급어음을 합쳐서 부르는 용어입니다. 이는 회사에서 판매하는 제품, 상품과 직접적으로 연관된 무엇인가를 구매해 대가를 지급하는 것을 말합니다. 원재료비(용지 구입), 외주제작비 등을 포함하는 계정입니다.

매입채무와 유사한 계정으로는 '미지급금'이 있습니다. 제품이나 상품과 직접적인 연관이 없는 것들을 구입하고 지급할 때 사용된다는 점에서 매입채무와 차이가 있습니다. 즉 사업의 운영·유지에 사용되는 판관비에 속하는 계정과목들이 여기에 속합니다. 가장 대표적으로는 광고선전비나 포장운반비가 있습니다.

'단기차입금'은 외부 금융기관이나 타인으로부터 자금을 차입할 때, 상환 조건이 1년 이내일 때 사용되는 계정입니다.

'선수금'은 제품, 상품이나 용역을 제공하기 전에 먼저 지급받은 대금을 말합니다. 앞서 언급한 매입채무나 미지급금 등이 먼저

부채의 종류

부채	유동부채	매입채무
		미지급금
		단기차입금
		선수금/예수금/미지급비용
		환불부채
	비유동부채	장기매입채무
		기타비유동채무
		장기차입금
		보증금

관련된 유무형의 자산을 받고 나서 그 이후에 대가를 지불하는 프로세스라면, 선수금은 아무런 재화나 서비스를 제공하지 않은 상태에서 돈을 먼저 받는다는 특징이 있습니다. 물론 향후 고객에게 제품이나 서비스를 제공해야 하는 의무는 생깁니다. 하지만 선수금은 언젠가 결국 매출로 전환될 부채인 만큼 '착한 부채'의 성격을 띠고 있습니다.

'예수금'은 한 달에 한 번 국가에 납부해야 할 직원의 근로소득세나 분기에 납부해야 할 부가가치세 등을 회사가 일시적으로 모아놓은 계정입니다. 납부를 하고 나면 부채의 의무는 사라집니다.

'미지급비용'은 이미 발생된 비용이지만 아직 지급되지 않은 계정입니다. 대표적인 사례로는 연차수당이 있습니다. 직원들의 연차수당은 매월 새로 발생하지만, 지급은 1년에 한 번 진행됩니다. 그때까지 매달 발생되는 금액들을 따로 모아두는 계정이 바로 미지급비용입니다.

'환불부채'는 반품충당금의 성격을 갖고 있습니다. 이는 판매된 제품에 대해 '반품이나 환불이 예상되는 비율'만큼 사전에 충당금을 쌓아놓는 계정입니다. 이 환불부채를 쌓아두는 비율은 반품이 예상되는 회사의 사업 환경이나 기준에 맞춰 충당비율을 적용하고 있습니다. 참고로 환불부채는 과거의 경험률을 토대로 예상비율을 적용하기 때문에 정확하게 일치하는 경우는 거의 없습니다. 그래서 추후 결산을 하고 나면 충당금보다 더 큰 손실이 발생할 수도 있고, 반대로 더 적게 반품률이 적용되어 생각지 못한 이익이 발생할 수도 있습니다.

비유동부채

비유동부채는 크게 장기매입채무, 기타비유동채무(퇴직급여충당부채, 이연법인세부채), 장기차입금, 보증금 등으로 나뉩니다.

'장기매입채무'는 유동부채에서 설명드린 매입채무와 동일한 성격입니다. 하지만 지급기준이 1년 이상일 경우 장기매입채무로 분류됩니다. 1년이라는 지급기한이 이를 구분하는 주요 기준이 됩니다.

'기타비유동부채'는 퇴직급여충당부채와 이연법인세부채가 대표적입니다. 퇴직급여충당부채는 회사의 임직원들이 퇴사할 때 받게 되는 퇴직금을 미리 산정해 그 금액만큼 쌓아두는 계정입니다. 회사를 그만둘 때 받는 퇴직금은 이 계정에서 지급하게 됩니다. 임직원들의 근속연수가 늘어나 받아야 할 퇴직금이 증가하게 되면, 이 계정의 금액이 그만큼 늘어날 겁니다. 우리는 회사를 영원히 다니지 않기 때문에 회사는 언젠가 임직원들에게 퇴직금을 지급할 의무를 가집니다. 그래서 비유동부채에 포함됩니다.

'장기차입금'은 유동부채의 단기차입금과 동일합니다. 다만 상환하는 조건이 1년 이상인 경우에 이 계정에 포함됩니다. 일반적으로 장기차입은 단기차입보다 대출 금리가 더 낮기 때문에 장기로 차입하고 기간을 몇 년으로 나누어 상환하는 경우가 많습니다. 이 때 장기차입금 중 1년 이내 상환하는 금액은 단기차입금으로 이동하게 됩니다.

'보증금'은 회사의 자산을 빌려주고 사용자로부터 미리 받아놓은 보증 성격의 돈입니다. 회사의 입장에서 보면 미리 돈을 받았기 때문에 수익으로 보일 수 있으나, 언젠가는 돌려줘야 하는 의무를 가지고 있습니다. 그렇기에 부채로 인식하고 있습니다.

부채는 회사의 정상적인 영업활동을 유지·발전시키기 위해 꼭 필요한 부분입니다. 적절한 부채의 운용과 관리는 더 큰 이익을 가져올 수 있는 원천이 될 수 있기 때문입니다. 다만 부채가 너무 많이 늘어나면 오히려 회사 운영에 어려움을 겪을 수도 있습니다. 따라서 재무상태표의 부채비율을 확인하는 것은 회사의 상태를 확인하는 상당히 효과적인 방법이라고 볼 수 있습니다.

◆ 자본 ◆

이번에는 자본에 대해 이야기해보겠습니다. 자본은 흔히 '자기자본'이라고 불립니다. 이는 타인의 자본인 부채와 구별하기 위해 사용되는 용어이며, 말 그대로 '순수하게 내 것인 재산'을 뜻합니다. 여기서 '내 것'이란 회사를 설립한 개인 혹은 회사에 투자한 주주들의 것이라는 의미입니다. 예를 들어 회사의 자산이 100억 원이고 이 중에서 부채가 30억 원이라면 순수한 회사의 자산인 자본은 70억 원인 셈입니다.

그렇다면 자본은 어떻게 조달하고 구성되어 있을까요? 자본의 구분은 크게 다음과 같습니다.

①자본금 ②기타불입자본(구 자본잉여금)

③이익잉여금 ④기타포괄손익누계액

①**자본금:** 자본금은 말 그대로 주주들이 출자한 돈입니다. 그래서 자본금은 금액만큼 주식으로 발행해 주주들에게 지급됩니다. 이때 1장의 주식에 해당하는 금액을 우리는 '액면가'라고 부릅니다. 자본금이 100만 원인 회사에서 액면가 1만 원짜리 주식을 발행하면 총 100주의 주식이 발급된다는 뜻입니다. 만약 액면가가 1천 원이라면 주식의 수는 1천 주로 늘어나겠지요. 그래서 일반적으로 코스닥이나 거래소 상장회사들은 액면가를 500원으로 설정해 주식을 발행하는 경우가 많습니다. 많은 수의 주식을 발행해 거래량을 활성화하려는 노력입니다.*

②**기타불입자본:** 기타불입자본(구 자본잉여금)은 자본금을 배경으로 생겨난 잉여금을 관리하는 계정입니다. 대표적으로 주식발행초과금, 자기주식, 자기주식처분이익 등이 있습니다. 여기서 주식발행초과금은 주식 액면가보다 높게 받은 금액을 모아둔 계정입니다. 예를 들어 액면가가 500원인 주식이 실제 시장에서 5천 원에 매매될 경우 회사는 유상증자를 통해 주식을 발행하게 됩니다. 그러면 주주는 1주당 5천 원을 회사에 납부하게 됩니다. 이 5천

---

* 주식 발행 시 최소 액면가액은 100원이며, 100원 단위를 기준으로 올릴 수 있다.

원 중에서 500원은 자본금으로 산입되고 남은 4,500원은 주식발행초과금이라는 계정으로 보내집니다. 이 두 계정(①자본금, ②기타불입자본)은 결국 주주들이 출자한 금액과 밀접한 관계가 있습니다. ③이익잉여금과 ④기타포괄손익누계액은 회사가 벌어들인 금액을 모아둔 계정입니다. 즉 영업활동을 통해 벌어들인 이익의 누적액이 쌓여 있는 것입니다.

③이익잉여금: 이익잉여금은 당기순이익 중 주주에게 배당을 하고 남은 금액을 모아둔 것으로, 바로 주주들에게 배당이 가능한 계정입니다. 자본을 활용해 거둔 이익인 만큼 사실상 자본의 결과로 인식되기 때문입니다. 그러나 회사의 장기적인 유지와 발전을 위해 배당을 받지 않고 그 이익을 회사 내에 적립해두는 것이 일반적입니다. 따라서 이익잉여금을 자본잉여금으로 이전하는 것은 가능합니다. 하지만 반대로 자본잉여금을 이익잉여금으로 전환하는 것은 인정되지 않습니다. 왜냐하면 자본잉여금은 자본과 밀접한 관계를 갖고 있는, 사실상 회사의 토대가 되는 자본이기 때문입니다. 따라서 자본의 본질에 더 가까운 자본잉여금을 배당으로 처리하기란 사실상 불가능합니다.

④기타포괄손익누계액: 기타포괄손익누계액은 영업활동의 이익을 모아둔 ③이익잉여금과 달리 당기순이익에 반영되지 않은 손익을 모아둔 계정입니다. 이것은 회사의 자산 중 재평가를 통해 추가된 이익이나 손실을 반영하고 있습니다. 예를 들면 매도가능금

융자산평가손익, 파생상품평가손익 등이 여기에 포함됩니다. 사업에서 실제 발생한 손익을 모아둔 계정은 ③이익잉여금이고, 지금은 확정되지 않았지만 현 시점에서 재평가를 통해 발생이 예상되는 손익을 모아둔 계정은 ④기타포괄손익누계액이라고 이해하시면 됩니다.

✦ 재무상태표 vs. 손익계산서 ✦

지금까지 재무상태표에 대해 알아봤습니다. 그렇다면 재무상태표와 손익계산서의 차이는 무엇일까요? 실무에서 가장 많이 사용되는 것은 손익계산서입니다. 앞서 각 팀 단위에서 예산 계획을 수립할 때 손익계산서 형식을 선호한다고 설명드린 바 있습니다. 물론 팀의 상위조직인 본부 단위나 주요 부서의 경우 재무상태표까지 작성하는 사례도 있습니다. 그 경우 결과를 구성하는 세부 수치를 실무자가 작성하게 되는데, 최종 확정 데이터는 상급자 혹은 팀장이 최종 검토 후 확정하는 것이 일반적입니다.

그렇다면 왜 손익계산서를 그렇게 중요시하면서도 최종 의사결정 판단은 재무상태표를 보고 결정하는 것일까요? 직원의 입장에서 생각한다면 아마도 큰 차이를 느끼기 어려울 겁니다. 하지만 투자자의 입장이 되면 그 차이는 확연해집니다.

손익계산서의 가장 마지막은 당기순이익입니다. 1년간 회사의 운영 결과가 이 마지막 수치로 표현되는 것입니다. 그 수치가 나오기까지는 무수히 많은 직원들의 업무 과정과 노력들이 필요했습니다. 하지만 냉정하게도 그 수치의 결과가 (+)냐 (−)냐에 따라 희비가 엇갈립니다. 그 희비 속에는 본인이 1년간 노력했던 업무 과정 속의 인정과 기쁨, 어려움과 노력이 모두 담겨져 있습니다. 물론 경영진도 그 노력의 과정을 모르는 것이 아닙니다. 하지만 결국 손익계산서의 최종 수치가 회사의 분위기를 좌지우지하게 됩니다. 어찌되었건 결과는 결과니까요. 그리고 그 결과에 따라 한 해의 업무 평가도 달라지게 되겠지요. 따라서 임직원이라면 누구나 손익계산서의 수치에 많은 관심과 노력을 기울이게 됩니다.

그렇다면 경영진은 어떨까요? 물론 손익의 최종 결과에 대해 관심을 가지는 모습은 같을 겁니다. 하지만 그들은 우리보다 한 단계 더 높은 것을 바라보고 있습니다. 그것은 재무상태표의 자본의 변동에 대한 부분입니다. 당기순이익이 (+)인데 자기자본이 줄어들었다면 분위기는 심각해질 것입니다. 반대로 당기순이익이 (−)로 나와도 자본이 증가했다면 어느 정도 안도하는 분위기가 됩니다. 경영진이 원하는 결과는 우리가 실무에서 중요시하는 결과와 조금 다

롭니다. 즉 실무에서는 1년 단위의 성적표가 중요하지만 경영진은 그 이상, 향후 몇 년 앞을 바라봐야 하는 입장이기 때문입니다. 따라서 중장기 성적표인 재무상태표의 성적표가 더 중요할 수밖에 없습니다.

그중에서도 가장 중요한 것은 자본의 변화입니다. 특히 자본의 증가는 투자자에게도 가장 좋은 뉴스입니다. 본인이 투자한 만큼(주식 보유 수) 합당한 보상(배당)을 받을 수 있기 때문입니다. 본인이 심사숙고해서 투자한 회사가 정당한 이익을 얻어 적절한 배당을 지급하고, 이로 인해 회사가 성장하고 발전한다면 커다란 희열을 느끼게 될 것입니다. 그래서 각 회사들은 매년 결산 고시 자료에 재무상태표를 공개하고 있습니다.

현금흐름표

✦ 현금흐름표란? ✦

회사가 사업을 하는 목적은 이윤을 추구하기 위함입니다. 그렇다면 이윤이란 무엇일까요? 손익계산서상의 영업이익이나 당기순이익을 의미하는 것일까요? 아닙니다. 가장 현실적인 답은 바로 현금의 유입입니다. 현금이 들어와야 각종 비용을 지불할 수 있기 때문입니다. 직원들의 급여도 회사 운영에 필요한 대부분의 비용도 현금으로 지급되고 있습니다. 따라서 현금이 없으면 그 사업은 중단될 수밖에 없습니다. 그러니 회사에게는 사실 현금이 가장 중요하다고 할 수 있습니다.

그렇다면 '손익계산서'상의 이익과 '현금흐름표'상의 현금은 서로 다른 걸까요? 네, 엄밀히 비교하면 다릅니다. 그럼 무엇이 다르고, 다른 이유는 무엇일까요? 또 이걸 구별해야만 하는 이유는 뭘까요? 회계는 알면 알수록, 이해하면 이해할수록 이렇게 새로운 질문이 꼬리에 꼬리를 물게 됩니다. 그래서 점점 더 어렵게 느껴질 수 있습니다. 사실 이런 어려움이 생기는 건 같은 현상인데도 서로 다르게 표시되는 보고서들 때문입니다. 이를테면 방금 언급했던 이익과 현금의 차이처럼 말이죠. 이런 부분만 분별할 줄 알게 된다면 회계가 훨씬 쉬워질 겁니다.

우선 이익과 현금의 차이부터 알아보도록 하겠습니다. 손익계산서상의 이익은 장부상의 이익입니다. 이 이익 중에는 외상으로 발생된 금액이 포함되어 있습니다. 이러한 금액은 아직 우리에게 현금으로 들어오지 않은 것들입니다. 아울러 비용에도 아직 지급이 완료되지 않은 내역들이 존재하고 있습니다. 왜냐하면 손익계산서는 '발생주의'라는 회계 기준을 준수하기 때문입니다. 즉 거래가 이루어지면 현금이 오고 가지 않더라도 바로 장부에 반영됩니다. 현금의 입출금 여부와는 무관하게 받아야 할 권리(매출채권)와 지급해야 할 의무(매입채무)가 모두 기록됩니다. 즉 외상대금이 존재하는 것이죠. 이 외상대금이 변하면 당연히 현금도 함께 변화하게 됩니다. 매출채권을 받게 되면 현금이 증가하고, 매입채무를 지급하면 현금이 감소합니다. 이때 매출채권이나 매입채무가 줄어드는 것은 손익계산서에 반영되지 않고, 그저 재무상태표의 내용만 변하게 됩니다.

다른 예를 들어 보겠습니다. 회사가 보유하고 있는 자산의 가치가 변하게 되는 경우를 생각해보세요. 재고자산이 노후화되어 가치가 떨어졌다거나, 투자한 금융상품의 가치가 올라가는 경우, 그 변화된 금액만큼은 손익계산서에 반영됩니다. 하지만 이는 장부상의 변화일 뿐입니다. 현금의 실질적인 변화가 없기 때문에 현금흐름표에는 반영되지 않습니다. 그래서 손익계산서의 이익과 현금흐름표상의 현금이 서로 다르게 변화하는 것입니다.

마지막으로 현금의 변화에 대한 예를 하나 더 들어보겠습니다. 현금흐름표에는 재무활동과 투자활동에 대한 현금의 변화가 기재됩니다. 이 두 가지 활동(재무 및 투자)은 손익계산서에 거의 영향을 미치지 않고 재무상태표에 영향을 끼칩니다. 외부 금융기관에서 대출을 받은 경우 현금흐름표에서는 대출받은 금액만큼 현금이 증가하지만, 손익계산서 내에서는 아무런 변화가 없습니다. 그저 재무상태표의 부채 항목에만 '대여금이 늘어났다'고 표시됩니다. 또 주주총회를 거쳐 주주에게 배당금을 지급했을 때 회사가 보유한 현금은 줄어듭니다. 그러나 이때도 손익계산서에는 아무런 변화가 없고 그저 재무상태표의 자본 중 이익잉여금이 줄어들 뿐입니다.

현금흐름표를 한마디로 정리하자면 1년 동안 회사 내에서 현금이 얼마만큼 증가하고 감소되었는지를 알려주는 보고서입니다. 회사의 사업을 포함해 기타 여러 사유로 현금이 변동했을 때 그 결과를 보여준다고 생각하시면 됩니다. 요즘은 투자자들이 손익계산서

뿐만 아니라 현금흐름표까지 같이 확인하고 있습니다. 왜냐하면 회사의 주주와 외부 채권자들에게 회사의 현금흐름은 가장 중요한 정보이기 때문이지요. 현금의 흐름이 좋아야만 배당을 받을 수 있고, 빌려준 금액의 원금과 이자를 정해진 기간에 받을 수 있다는 것은 너무나 자명한 사실입니다.

현금흐름표는 다음과 같은 세 가지 요소로 구성되어 있습니다.

현금흐름표의 구성

구분	내용
영업활동 현금흐름	• 매출에 따른 수입, 구입한 상품의 대금, 경비 지불에 따른 지출 등 • 통상적인 사업의 영업활동에 의한 현금흐름
투자활동 현금흐름	• 토지, 건물, 설비 등 고정자산을 취득하기 위한 지출과 그 자산을 매각해 얻은 수입 • 자회사에 투자함으로써 발생한 지출 등 투자와 관련된 현금흐름
재무활동 현금흐름	• 은행 차입, 사채 발행, 주식 발행(증자), 배당금 지급, 회사채 매입 등 • 비즈니스의 기반을 지탱하고 유지하기 위한 재무적 현금흐름

용어가 어려워 보이지만 내용은 어렵지 않습니다. 지금부터 각 요소에 대해 설명드리겠습니다.

✦ 영업활동현금흐름 ✦

우선 영업활동현금흐름에 관한 내용을 알아보겠습니다. 이는 회사의 매출에 따른 수입과 판매를 위해 구입한 상품의 대금, 회사 운영을 위해 지급된 경비 지출에 관한 현금의 흐름을 나타냅니다. 다시 말해 회사 본연의 매출활동을 통해 벌어들인 현금과 매출을 목적으로 지출된 현금의 내용을 나타내는 것이지요. 여기서 가장 중요한 것은 '수입-지출', 즉 남아 있는 현금의 잔액입니다. 당연한 이야기이지만 이 잔액은 크면 클수록 좋습니다.

요즘은 영업활동의 최종 결과로 현금 창출능력을 중요시하는 회사들이 늘어나고 있습니다. 사실 영업이익을 높이는 것보다 현금을 충분히 확보하는 것이 더 어렵습니다. 시장 예측이 빗나가 재고가 쌓이거나, 거래처에 어려움이 발생해 매출채권(외상매출금 등)의 회수가 늦어지면 그만큼 회사의 현금이 줄어들 수밖에 없기 때문입니다. 이런 상황이 계속되면 결국 회사 운전자금 조달에 큰 부담을 주게 됩니다. 여기서 운전자금이란 회사의 사업 운영에 즉각적으로 필요한 자금을 의미합니다. 직원에게 급여를 지급하고, 복리후생을 제공하며, 원재료를 구입하는 데 소요되는 자금이기 때문에 흔히 경영자금이라고도 부릅니다. 그리고 이 자금은 단기적(1년 이내)이고 유동적이라는 특성을 가지고 있어 재무상태표의 유동자산에 포함됩니다.*

회사가 중요시하는 것은 이 운전자금의 회전 속도입니다. 사업의 순환 과정을 생각해보세요. 운전자금을 통해 재고자산이 만들어지고 이를 거래처에 공급하면 외상매출금을 통해 다시 회사로 현금이 돌아오게 됩니다. 우리는 이 일련의 과정(현금 → 재고자산 → 판매 → 외상매출금 → 현금)을 하나의 현금순환주기(CCC; Cash Conversion Cycle)라고 부릅니다. 그리고 이 현금순환주기에 대한 평가는 일수를 기준으로 진행됩니다. 즉 현금순환주기가 빠르면 빠를수록 회사의 현금 증가 속도는 함께 빨라집니다.

---

* 운전자금의 상대적인 개념으로는 설비자금이 있다. 설비자금은 창고의 신축, 공장 건설, 장비 구입 등 시설 확충에 사용되는 자금이며, 이 자금을 통해 구입·설치된 자산은 대부분 재무상태표의 비유동자산에 포함된다.

하나의 예를 들어보겠습니다. 회사가 1월에 많은 자금을 들여 새로운 제품을 만들어서 거래처에 공급했다고 가정해봅시다. 이 제품이 각 거래처에서 고객에게 판매되어 그 대금이 다시 회사까지 들어오는 기간을 3개월이라고 했을 때, 이 회사는 그 판매대금이 들어오는 4월 초까지 약 3개월간 회사를 운영할 자금(운전자금)을 갖추고 있어야 합니다.[*]

만약 제품이 너무 잘 팔려서 순환주기가 빨라졌고 그래서 2개월 안에 모든 대금이 회수되었다면 1개월이라는 여유 기간이 생깁니다. 이때 예상보다 미리 확보된 자금을 은행에 예금하거나 금융상품에 투자해 추가 수익을 발생시킬 수도 있습니다. 반대로 제품이 잘 판매되지 않아서 예상보다 회수 기간이 1개월 더 늦어졌다면, 회사는 1개월 치 운전자금이 더 필요해집니다. 다행히 여유자금이 있다면 그걸 사용하면 되겠지만 그렇지 않은 상황이라면 자금 확보를 위해 금융권으로부터 단기차입을 해야 할 겁니다. 이 경우 이자를 지급해야 하기 때문에 추가적인 현금의 감소가 일어날 수밖에 없겠지요. 따라서 모든 회사들은 현금의 변화에 늘 주의를 기울이고 있습니다. 그리고 월별 자금예측이라는 형태의 보고서를 만들어 이 흐름을 분석하고 파악해 경영진에게 보고합니다.

참고로 재무제표로는 정확한 현금순환주기를 분석하기가 어렵

---

[*]　통상적으로 일반 회사들은 3개월 치의 운전자금을 보유하고 있다.

습니다. 그래서 이와 연동해 계산하는 재무지표가 매출채권회전율과 재고자산회전율입니다. 이 자료들은 자금의 수금 주기를 파악해 영업 현금의 흐름을 예측하는 데 도움을 줍니다. 다만 각 회사나 업종마다 사업의 특수성이 있고 내부적인 여러 가지 변수들을 적용해 회전율을 계산하기 때문에 일률적인 평균 주기는 따로 없습니다. 통상 회사별로 경험률에 근거해 성수기, 비수기로 나눠 자금의 회수 기간을 시기별로 구분해 계산하고 있습니다.

✦ 투자활동현금흐름 ✦

다음은 투자활동현금흐름에 관한 내용입니다. 투자활동현금흐름이란 회사가 토지, 건물, 설비 등 고정자산을 취득하기 위해 사용한 지출과 그 자산을 매각해 얻은 수입, 이를 다시 자회사에 투자함으로써 발생한 지출 등 '투자와 관련된 현금의 흐름'을 말합니다. 투자활동이란 회사가 사업하기 위해 진행하는 개발, 미래의 수익을 위한 연구, 설비나 기계장치 도입 등을 의미합니다. 회사의 미래를 위해 돈이 빠져나가는 것인 만큼 결과적으로 (−)가 발생되는 것이 좋습니다. 투자활동현금흐름이 (−)로 지속되기 위해서는 영업활동현금흐름이 (+)로 이루어져야 합니다.

만약에 투자활동으로 현금이 지출되는 데도 불구하고 영업활동 현금흐름이 (+)로 나오지 않는다면, 회사의 사업 방향이 바른 방향으로 가고 있는지 주의 깊은 관심이 필요합니다. 왜냐하면 이는 매출이 발생되지 않고, 이익도 나지 않는 곳에 회사가 투자하고 있다는 의미이기 때문입니다. 이와는 반대로 투자를 진행한 이후에 서서히 매출도 상승하고 이익도 증가해 현금의 수입이 늘어나고 있다면, 과거 진행된 투자가 올바른 방향이었다는 것의 방증이 될 것입니다.

투자활동현금흐름이 (+)로 진행된 경우라면 그 세부 내역을 유심히 살펴봐야 합니다. 이는 투자하고 있는 금액에 비해 회사의 자산을 매각하거나 처분한 금액이 더 높다는 의미이기 때문입니다. 투자가 거의 마무리되거나(공장 준공이나 설비 매입 완료 등) 부득이하게 건물, 토지를 매각한 경우가 아니라면, 미래의 수익을 만들기 위한 투자활동현금흐름이 줄어들고 있는 상황은 위험합니다. 따라서 그 원인을 찾아봐야 할 것입니다.

우리는 투자활동과 영업활동의 현금흐름을 통해 현재 회사의 현금흐름 상태를 보여주는 잉여현금흐름(FCF; Free Cash Flow)을 확인할 수 있습니다. 실무적으로 간략하게 계산하면 영업활동현금흐름에서 투자활동현금흐름을 뺀 금액이 이에 해당됩니다.

잉여현금흐름 = 영업활동현금흐름 − 투자활동현금흐름

잉여현금흐름은 현금흐름표에 별도로 표시하는 항목이 아닙니다. 하지만 회사가 벌어들인 현금에서 투자를 위해 사용한 현금을 제하고 남은 현금을 나타내므로 항상 (+) 상태를 유지하도록 관리해야 합니다. 이 자금을 가지고 회사의 주주들에게 배당금 혹은 장단기 대여금에 대한 이자를 지급할 수 있기 때문입니다.

잉여현금흐름을 파악하는 것은 특히 주식 투자를 하는 분들이 회사의 가치를 측정할 때 많이 사용하는 방법입니다. 일반적으로 1~2년처럼 단기간이 아닌 3~5년 정도의 수치를 구해서 정리합니다. 이후 이 수치를 비교해 그 추세선을 보거나 평균을 구해 올해의 잉여현금흐름과 대조합니다. 그래서 평균 대비 어느 정도 변화가 생겼는지를 통해 그 회사의 잠재적인 가치를 추정할 수 있습니다. 보통 하나의 회사를 기준으로 데이터를 분석하는 경우가 대부분이지만 타사와 함께 비교하는 경우도 있습니다. 이처럼 잉여현금흐름은 영업이익 분석과 더불어 투자자들에게 많은 영향을 끼치는 부분이므로, 현금흐름의 주체이자 핵심이라고 할 수 있습니다.

✦ 재무활동현금흐름 ✦

다음은 재무활동현금흐름에 관한 내용입니다. 재무활동현금흐름은 은행의 차입금, 회사채 발행, 주식 발행(증자), 배당금 지급, 회사채 매입 등 회사의 사업 기반을 지탱하고 유지하기 위한 '재무적인 현금흐름'을 말합니다. 일반적으로 이 부분도 투자활동현금흐름처럼 (-)로 표시되는 것이 좋습니다. 이 항목이 (+)가 된다는 것은 회사의 빚이 늘어나고 있다는 의미이기 때문입니다.

그렇다면 재무활동현금흐름을 통해서는 어떠한 내용을 알 수 있을까요? 가장 중요한 것은 외부 자금의 조달 내용입니다. 이 내용은 조달의 조건, 자금의 비중, 장기·단기 구분비율 등을 말합니다.

특히 조달 금리는 낮으면 낮을수록, 조달 금액은 적으면 적을수록 좋습니다. 아울러 장기·단기 차입금의 비중도 살펴봐야 합니다.

보편적으로 단기차입금은 빠른 시일 내에 갚아야 하기 때문에 이자로 납부하는 금리가 높습니다. 반대로 장기차입금은 장기간(1년 이상)에 걸쳐 갚기 때문에 금리가 낮습니다. 따라서 장기차입금은 이자 부담이 적으므로 장기간의 사업을 목적으로 자금을 사용할 수 있습니다.

보통 재무활동현금흐름 내역은 기존 차입금을 상환하고 연장하는 방식을 많이 취하는데, 금액이 서로 비슷하게 나타나는 경우가 많습니다. 장기차입금이 줄어든 금액만큼 단기차입금이 늘어나는 형태로 이를 '유동성 대체'라고 합니다. 예를 들어 장기차입금이 50 줄어들면(-50), 단기차입금이 50 증가(+50)되는 경우입니다. 즉 장기간에 걸쳐 갚아야 하는 차입금 중 1년 이내로 갚아야 하는 차입금이 단기차입금 항목으로 들어오게 되는 것입니다.

예외적으로 큰 금액의 차입금이 새로 발생했다면, 그 차입금의 목적과 사용처를 확인해야 합니다(사용 목적은 재무제표상의 주석사항에 기재되어 있습니다). 그리고 이것이 미래의 투자 수익과 어떤 연관성이 있는지도 확인해야 합니다. 보통 단기차입은 운전자금으로, 장기차입은 시설 투자 목적으로 늘어나는 경우가 일반적입니다.

✦ 현금흐름표 분석 ✦

최근에는 영업이익보다 현금흐름을 더 중요시하는 회사들이 늘어나는 추세이며, 이를 '현금흐름 경영'이라고 부릅니다. 현금흐름 경영의 기본적인 분석 형태는 손익계산서와 유사합니다. 이 역시 결과적으로는 (+)에서 (−)를 뺀 것이기 때문입니다. 그렇다면 (+)와 (−)를 구분해 회사의 현 상태를 확인하는 법을 알아보도록 하겠습니다.

현금흐름표의 세 가지 구성 요소 중 영업활동현금흐름은 (+) 상태가, 반대로 투자활동현금흐름과 재무활동현금흐름은 (−) 상태가 좋은 것에 해당됩니다. 결국 우량한 회사는 영업활동을 통해 많은 현금을 창출하고, 이것을 다시 투자활동과 재무활동에 사용하게 됨니다. 반대의 경우에는 영업활동의 부족한 현금흐름을 보충하기 위해 투자활동과 재무활동으로부터 현금을 조달하게 됩니다. 다음은 현금흐름의 구성 요소별 결과를 통한 진단법입니다.

현금흐름 유형별 진단법

영업활동	투자활동	재무활동	내용
+	+	+	현금보유형
+	+	−	사업 구조조정형
+	−	+	성장형
+	−	−	우량기업형
−	+	+	저수익 사업형
−	+	−	대규모 구조조정형
−	−	+	신생기업형
−	−	−	도산형

출처: 『프로직장인들이 가장 궁금해하는 현금흐름 분석』, 이병권, 새로운제안, 2009

이처럼 현금흐름표를 통해 손익계산서에서 찾아내지 못하는 정보를 확인하고, 회사의 재무상태를 점검할 수 있습니다. 즉 현금흐름표는 현금 창출 및 흐름을 기준으로 작성해 주주와 채권자, 해당 회사의 유동성을 평가하고자 하는 업무 이해관계자들에게 중요한 정보를 제공하고 있습니다.

손익분기점 분석은 회사의 투자 규모와 범위, 회수 기간을 산정하기 위해 사용되는 대표적인 회계 기법입니다. 이는 현재 회사가 진행하는 사업의 현황을 파악하는 방법에도 적용되고 있습니다. 재무비율 분석은 재무제표의 수치를 활용해 회사나 사업의 ①안정성, ②활동성, ③수익성, ④성장성을 파악하는 방법입니다. 이 파트에서는 손익분기점과 재무비율 분석을 이해하고 실제 사례에 적용해봄으로써 실무에 필요한 재무 정보를 빠르게 산출하는 방법을 배울 수 있습니다.

회계 지식,
이렇게
써먹습니다

손익분기점

✦ 손익분기점이란? ✦

"이번에 개봉한 영화 〈○○○○○〉은 일주일 만에 손익분기점을 넘겼습니다."

이런 이야기 들어본 적 있으시죠? 회계에 관심이 없다고 하더라도 '손익분기점'이라는 용어는 그리 낯설지 않을 텐데요. 이번에는 바로 그 손익분기점에 대해 이야기해보고자 합니다. 손익분기점(BEP; Break Even Point)이란 회사가 사용한 비용과 매출을 통해 벌어들인 이익이 '0'으로 일치하는 것을 말합니다. 즉 정확히 '본전'이라는 뜻이지요.

손익분기점을 구하는 공식은 다음과 같습니다.

손익분기점: 수익(매출) − 비용(변동비 + 고정비) = 0

그렇다면 우리가 손익분기점을 구하는 목적은 무엇일까요? 회사는 이익을 창출하기 위해 존재합니다. 그리고 그 이익을 유지·발전시키기 위해서는 투자가 필요합니다. 투자를 진행할 때는 회사가 자체적으로 조달할 수 있는 자금의 규모를 파악해 투자 범위를 계획해야 합니다. 때로는 부족한 자금을 타인에게서 빌려오는 경우(부채)도 있을 겁니다. 이렇게 투자한 자금(자기자본 또는 타인자본)이 어느 시기에 다시 회수될지를 판단하는 기준이 바로 '손익분기점'입니다. 회사 입장에서는 당연히 하루라도 빨리 투자금을 회수하는 게 좋습니다. 투자금을 회수하기 전까지는 적자가 이어지지만 손익분기점

손익분기점 도표

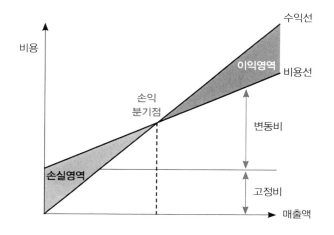

을 넘어서는 순간부터는 이익이 발생하기 때문입니다.

　물론 손익분기점에 도달했다고 해서 모든 분석이 끝나는 것은 아닙니다. 손익분기점은 회사가 더 많은 이익을 얻기 위한 방법을 찾을 때 참고하는 수치일 뿐이기 때문입니다. 회사의 목표는 손익분기점에 도달하는 것이 아니라, 그 이상의 이익을 발생시키는 데 있습니다. 더 많은 이익을 창출해야 후속 투자가 가능해지고, 직원의 급여와 복리후생이 좋아지며, 아울러 주주에게 배당을 할 수 있습니다.

　손익분기점에 관한 분석을 하기 위해서는 먼저 회사의 모든 원가와 비용을 고정비와 변동비로 구분해야 합니다. 이 부분은 다음 장에서 자세히 설명드리겠습니다.

✦ 고정비와 변동비 ✦

앞서 손익분기점 분석을 위해서는 회사의 모든 원가와 비용을 고정비와 변동비로 구분해야 한다고 말씀드렸습니다. 이 부분을 좀 더 상세히 알아보도록 하겠습니다. '고정비'는 제작·생산량의 증감과는 무관하게 늘 일정 금액이 발생하는 원가를 말합니다. 반대로 '변동비'는 제작·생산량의 증감에 따라 함께 연동되어 비용이 변하는 원가를 뜻합니다. 그럼 이 고정비와 변동비가 회사 사업에 미치는 영향은 무엇일까요?

회사에서 사용하는 전체 비용 중 변동비용의 비중이 높으면 변동비율이 높다는 표현을 주로 사용합니다. 이 비율에 따라 이익의 크기나 사업의 방향 등이 영향을 받을 수밖에 없는데요. 이렇게 변동비와 고정비를 구분·적용해 이익을 구하는 방식을 '공헌이익'이라고 부릅니다.

공헌이익을 구하는 산식은 다음과 같습니다.

- 매출 = 고정비 + 변동비 + 영업이익

- 공헌이익 = 매출액 − 변동비 = 고정비 + 영업이익

- 공헌이익률(%) = 공헌이익 / 매출액

- 영업이익 = 공헌이익 − 고정비

언뜻 복잡해 보일 수도 있지만 고정비와 변동비만 명확하게 구분되어 있다면 산식의 적용은 그리 어렵지 않습니다. 산식을 유심히 살펴보면 공헌이익을 올리기 위해서는 변동비를 줄여야 한다는 사실도 쉽게 눈치채실 수 있을 겁니다.

그렇다면 변동비를 무작정 줄이기만 하면 다 좋은 것일까요? 그렇지 않습니다. 회사마다 사업의 특성이 다르고 변수가 다양하기 때문에 어떤 것이 옳다고 단정적으로 말하는 것은 사실상 불가능합니다. 먼저 회사의 상태가 어떠한지 확인하는 것이 중요합니다(현재 고정비가 높은지, 변동비가 높은지). 한마디로 사업의 특성과 변수를 충분히 이해한 후에 고정비율과 변동비율의 목표치를 설정해야 한다는 뜻입니다.

우리가 흔히 도매업이라 부르는 중간거래상이나 유통업 등은 대부분 변동비율이 높습니다. 본사로부터 상품을 매입하고 소매점에 공급하는 과정에서 발생하는 '중간 수수료'가 매출과 이익으로 남기 때문입니다. 유통업도 이와 유사합니다. 반대로 설비나 공장, 대규모 시설이 필요한 곳은 고정비율이 높습니다. 설비 자체에도 많은 비용이 투자되지만, 직원도 많고 시설에 관련된 감가상각비도 높을 수밖에 없기 때문입니다.

변동비가 높은 회사, 즉 변동비형 기업은 제품을 팔면 팔수록 변동비도 함께 올라가는 구조이기 때문에 공헌이익이 낮습니다. 그래도 일단 많이 팔아야 합니다. 아울러 판매 단가를 높이거나, 매출 규모를 키워 점유율이 올라가면 공급사에 수수료율 인하를 요청하는 등 변동비율을 낮추기 위해 노력해야 합니다. 이때 추가적으로 고정비가 올라가지 않도록 각별한 주의를 기울여야 합니다. 변동비가 높은데 고정비까지 올라가면 이익률이 떨어질 수밖에 없기 때문입니다. 이런 경우엔 1인당 생산성을 더 높이는 수밖에 없습니다. 결국 업무 효율성 제고를 통해 불필요한 내부 고정비를 줄여야 할 것입니다.

고정비가 높은 회사는 변동비형 기업보다 이익을 내기 더 어려운 구조입니다. 하지만 일정 시점(손익분기점)을 넘어서는 순간, 이익이 폭발적으로 증가합니다. 변동비가 낮아 공헌이익률은 높기 때문에 손익분기점 이후로는 지속적인 이익이 들어오는 구조입니다.

고정비와 변동비의 연관 관계

구분	고정비↑ + 변동비↑	고정비↓ + 변동비↑	고정비↑ + 변동비↓	고정비↓ + 변동비↓
산출	고정비 50% 전후 BEP율 90% 이상	고정비 30% 전후 BEP율 90% 이상	고정비 50% 전후 BEP율 70% 이상	고정비 30% 전후 BEP율 70% 이상
내용	경영이 힘든 상태	만성적 적자형, 사업 노후화 현상	불안 요소 無, 적극적 규모 확대	건전 경영, 이익률 유지 노력
대안	전체적 사업성 검토 필요	변동비 인하 및 신규개발투자 필요	다각화, 점유율 확대	시장 규모 확대

다음 장에서는 손익분기점 분석 기준인 CVP 분석에 대해 알아보겠습니다.

✦ CVP 분석이란? ✦

손익분기점 분석은 단순히 손익분기점을 이루는 매출액만을 찾는 것이 아니라 '비용/판매량이익'의 관계를 파악하는 작업이며, 이 결과는 회사 내 주요 의사결정에 활용됩니다. 이처럼 원가(cost)와 조업도(volume)의 상관관계가 이익(profit)의 변화에 어떤 영향을 미치는지 분석하는 기법을 'CVP(Cost-Volume-Profit, 원가-조업도-이익) 분석'이라고 부릅니다.

손익분기점 매출액 또는 일정 매출액을 달성하기 위해 소요되는 원가총액, 손익이나 목표이익을 달성하기 위한 조업도의 정도, 매출액이나 판매가격 변동이 기업의 이익에 미치는 영향, 조업도 변화에 따른 이익의 크기 등 경영관리에 필요한 유익한 정보들을 CVP 분석을 통해 얻을 수 있습니다. 이 과정에서 과거의 실적과 앞으로의 경험적 추정, 미래 추세적 예측이 중요한 변수로 작용합니다. 특히 실무에서는 공헌이익과 공헌이익률을 예측해 단기적 이익계획을 수립하는 데 주로 사용합니다.

CVP 분석을 위해서는 다음과 같은 몇 가지 기본 가정이 필요합니다. ①모든 원가요소는 고정비와 변동비로 구분되고, ②매출과 비용은 직선으로 표시되며(물론 실제로는 그렇지 않습니다), ③매출 수량이 증가해도 관련 원가 외 기타 요인에는 영향을 끼치지 않습니다. ④재고는 매출과 동일하게 움직이고, ⑤하나의 사업만 적용됩니다. 결국 CVP 분석은 위에 열거한 대로 원가회계적 변수를 반영하지 않습니다. 하지만 업무적 편리함과 신속성, 직관적인 결과를 얻을 수 있어 가장 보편적으로 사용되는 회계 기법입니다.

다음 페이지의 표는 회사를 크게 공헌이익률이 높은 회사와 낮은 회사로 구분해 사업 방향을 비교한 자료입니다. 공헌이익률의 차이로 인해 각 회사가 진행하고 있는 전략과 마케팅 방향은 서로 반대의 입장을 취하고 있습니다. 이처럼 각 회사는 공헌이익률 특성에 맞는 방향으로 사업을 추진해나가야 합니다.

물론 하나의 회사가 하나의 사업만 진행하는 경우는 드뭅니다. 제품과 상품도 여러 품목이고 유통 방법도 천차만별입니다. 하지만 이러한 다양한 사례를 하나의 틀에 담아 쉽고 직관적으로 보고할

공헌이익률에 따른 사업 방향 비교

구분	공헌이익률↑ (변동비↓)	공헌이익률↓ (변동비↑)
결과	단위매출↑ ⇨ 이익↑	단위매출↑ ⇨ 이익↓
전략	가격 상승(자동차, 조선, 명품, 휴대폰)	대량 판매(식료품, 음료, 문방구)
마케팅	타깃마케팅, 유통 중심	매스마케팅, 매체광고 중심

수 있다는 장점 때문에 많은 기업들이 사업의 현황을 파악하는 데 CVP 분석을 적극적으로 활용하고 있습니다.

CVP 분석의 목적

CVP 분석을 사용해서 진행하는 가장 중요한 업무는 현재 진행 중인 사업의 현황을 파악하는 것입니다. CVP 분석을 통해 이 사업으로 회사가 정말 이익을 얻고 있는지, 혹은 손해가 발생하고 있는지 확인할 수 있습니다. 만약 사업을 기획할 당시의 계획보다 수치가 나빠진 상태라면 그 원인을 파악해야 합니다. 당연한 이야기지만 이익이 나지 않는 사업을 장기적으로 유지할 이유는 없기 때문입니다. 물론 사업별 손익계산서를 관리하고 있다면 당연히 해당 사업의 영업이익을 정기적으로 확인할 수 있습니다. 하지만 그것만으로는 이 사업이 정말 회사에 도움이 되는 사업인지 아닌지를 확신하기가 조금 어려울 때도 있습니다. 그래서 CVP 분석을 사용하는 것이죠.

　본부 내 'A사업'의 사업성을 분석하라는 업무 지시가 내려왔다고 가정해보겠습니다. 1년간의 손익 결과를 봤을 때는 분명 일정한 영업이익이 발생하고 있습니다. 여기서 영업이익이란 매출에서 사업 과정에 필요한 직접적인 원가와 비용을 제해서 얻어낸 결과입니다. 예기치 못했던 온갖 비용적인 변수들을 반영해야 하는 만큼 그 과정도 그렇게 쉽지만은 않습니다. 그런데 이렇게 어렵게 영업이익을 도출했더니 느닷없이 여기다 간접비까지 적용하라는 지시가 내려옵니다. 여기서 간접비란 우리 사업 본부에서 사용하는 비용들 외에 개발이나 지원 부서에서 쓴 비용을 의미합니다. 다시 한번 어렵게 수치들을 적용해 계산해보니, 간접비로 인해 영업이익은 처음 도출했던 것에 비해 현저히 하락하게 됩니다. 거의 손익분기점에 근접하거나 때로는 (-)로 떨어지는 경우도 있을 겁니다.

어쨌든 오랜 시간 끝에 산출된 자료를 최종적으로 보고하려는 순간, 마지막 미션이 또 내려옵니다. '영업이익이 손익분기점에 도달하려면 매출이 얼마나 나와야 하는지' 함께 기재하라는 것입니다. 이쯤 되면 머릿속이 하얘져 아무 생각이 나질 않게 되죠. 급한 대로 선배들과 동료들에게 도움을 요청하지만 답이 쉽게 찾아질 리 없습니다. 왜냐하면 사업의 구조와 손익 상태에 대한 정확한 이해가 없다면 원하는 답을 구해낼 수 없기 때문입니다. 따라서 아무런 사전 정보도 없는 지인들이 해주는 일반적인 조언들은 사실상 해결책을 찾는 데 큰 도움이 되지 않습니다. 그럼 도대체 어떻게 답을 구해야 하는지 지금부터 하나씩 설명드리겠습니다.

✦ CVP 분석 사례와 활용 ✦

CVP 분석을 위해서는 우선 적용되는 사업의 모든 매출원가와 비용을 고정비와 변동비로 구분해야 합니다. 구분이 힘들다면 해당 사업의 영업자나 예산 담당자에게 문의하는 것도 좋은 방법입니다. 그다음 CVP 분석의 손익분기점 구하는 공식을 적용하면 됩니다. 그리고 추가적으로 목표이익을 구하는 공식도 함께 적용해보겠습니다.

목표매출액 = (고정비 + 목표이익) / 공헌이익률

우리의 목적은 손익분기점을 구하는 것이니 목표이익을 '0'으로 만들어야 합니다. 숫자를 넣어 좀 더 명확하게 결과를 보여드리겠습니다. 각 수치가 아래와 같다고 생각하고 공식에 대입해보세요.

①매출: 280 ②원가 + 비용: 300

③영업이익: -20 ④고정비: 200 ⑤변동비: 100

먼저 구해야 하는 것은 공헌이익과 공헌이익률이겠지요.

공헌이익 = 매출액 − 변동비

= 280 − 100 = 180

공헌이익률 = 공헌이익 / 매출액

= 180 / 280 = 64%

그렇다면 이 값을 최종 공식에 대입해보겠습니다.

목표매출액 = (고정비 + 목표이익) / 공헌이익률

= (200 + 0) / 64% = 312.5

최종 공식에 대입해 계산해보니 목표매출액은 312.5로 나옵니다. 즉 매출액이 312.5가 되면 해당 사업의 손익분기점이 달성된다는 뜻입니다. 따라서 'A사업'의 최종 손익분기점은 312.5가 되기 때문에, 기존의 매출에서 추가로 32.5를 더 달성해야 한다는 결론에 이르게 됩니다.

이처럼 우리는 간단한 회계 산식 몇 가지를 통해 복잡하고 난해한 업무를 쉽게 해결할 수 있으며, 현업에서 필요로 하는 다양한 손익분석 자료를 빠르고 편하게 정리할 수 있습니다. 공헌이익을 활용한 산식은 우리의 업무 시간을 단축시켜주고, 사업에서 궁금해하는 손익 분석을 손쉽게 산출해줄 것입니다. 이것이 바로 CVP 분석을 이해함으로써 얻을 수 있는 회계의 놀랍고도 주요한 능력입니다.

CVP 분석 사례 1

이번에는 공헌이익 산출이 실제 업무에서 어떻게 활용되는지 설명해드리려고 합니다. 우선 매출액과 영업이익이 동일한 두 회사의 손익 자료를 보겠습니다.

A사와 B사의 영업이익은 10으로 동일합니다. A사는 변동비가 높고, B사는 고정비가 높습니다. 이 두 회사가 영업이익을 10에서 20으로 올리기 위해서는 매출의 증가가 필요합니다. 이때 공식을 적용해보면 A사는 25, B사는 14의 증가가 필요합니다. 따라서 B사가 A사보다 11이나 적은 매출을 내더라도 영업이익은 동일해집니다. 이 사례를 통해 알 수 있는 사실은 회사의 공헌이익률이 높을수록 더 적은 매출로 목표이익을 추구할 수 있다는 것입니다.

A사의 손익 자료

구분	금액
매출액	100
고정비	30
변동비	60
영업이익	10

1. A사의 공헌이익과 공헌이익률은?

공헌이익(매출액 − 변동비) = 40

공헌이익률(공헌이익 / 매출액) = 40%

2. 영업이익을 20으로 올리기 위해 필요한 매출액은?

목표매출액 = (고정비 + 목표이익) / 공헌이익률 = (30 + 20) / 40% = 125

B사의 손익 자료

구분	금액
매출액	100
고정비	60
변동비	30
영업이익	10

1. B사의 공헌이익과 공헌이익률은?

공헌이익(매출액 − 변동비) = 70

공헌이익률(공헌이익 / 매출액) = 70%

2. 영업이익을 20으로 올리기 위해 필요한 매출액은?

목표매출액 = (고정비 + 목표이익) / 공헌이익률 = (60 + 20) / 70% = 114

손익분기점

CVP 분석 사례 2

두 번째 사례를 살펴보겠습니다. 이번에도 매출액과 영업이익이 같은 C사와 D사의 손익 자료를 보겠습니다. 참고로 두 회사는 모두 영업이익이 (−)인 회사입니다. 영업이익 0을 목표로 손익분기점(BEP) 매출을 구하는 방법을 사용해보겠습니다.

C사와 D사의 영업이익은 −10으로 동일합니다. 그러나 앞에서 살펴본 A사와 B사의 사례와 마찬가지로 고정비와 변동비가 서로 다릅니다. C사는 변동비가 높고, D사는 고정비가 높습니다. 이 두 회사가 영업이익을 −10에서 0으로 만들기 위해서는 매출의 증가가 필요합니다. 이때 공식을 적용해보면 C사는 33의 증가가 필요하고 D사는 17의 증가가 필요합니다. 결국 D사가 C사보다 16이나 적은 매출을 내더라도 두 회사 모두 영업이익이 손익분기점에 도달합니다.

두 번째 사례를 통해 알 수 있는 것은 회사의 공헌이익률이 높을수록 보다 더 적은 노력으로 목표이익을 달성할 수 있다는 점입니다. 이처럼 공헌이익률은 회사의 매출과 이익을 달성하는 데 적용할 수 있는 가장 유용하고 간편한 지표입니다. 같은 자원을 투입해 더 높은 매출과 이익을 달성하기 위해서는 회사의 공헌이익률을 높일 수 있는 요소를 찾아 그 부분을 개선하는 데 집중적으로 노력을 기울여야 합니다. 실무에서는 CVP 분석을 통해 쉽고 간편하게 공헌이익률을 확인할 수 있습니다.

C사의 손익 자료

구분	금액
매출액	100
고정비	40
변동비	70
영업이익	−10

1. C사의 공헌이익과 공헌이익률은?
공헌이익(매출액 − 변동비) = 30
공헌이익률(공헌이익 / 매출액) = 30%

2. 영업이익 BEP를 맞추기 위해 필요한 매출액은?
목표매출액 = (고정비 + 목표이익) / 공헌이익률 = (40 + 0) / 30% = 133

D사의 손익 자료

구분	금액
매출액	100
고정비	70
변동비	40
영업이익	−10

1. D사의 공헌이익과 공헌이익률은?
공헌이익(매출액 − 변동비) = 60
공헌이익률(공헌이익 / 매출액) = 60%

2. 영업이익 BEP를 맞추기 위해 필요한 매출액은?
목표매출액 = (고정비 + 목표이익) / 공헌이익률 = (70 + 0) / 60% = 117

CVP 분석의 활용

앞에서 열거한 CVP 분석을 어떤 방향으로 활용할 수 있는지 설명 드리겠습니다. 크게 두 가지로 구분할 수 있습니다. 하나는 회사의 입장, 다른 하나는 업무를 수행하는 직원으로서의 입장입니다. 먼저 회사의 입장에 서서 개선 방향을 설명드리면, 다시 세 가지로 구분할 수 있습니다.

첫째, 판매 단가를 올리는 것입니다. 판매량이 변하지 않는다는 가정하에 이 방법을 적용하면 손익분기점 도표의 매출액 라인(선)은 급경사를 이루며 손익분기점이 앞당겨집니다. 다만 가격 인상은 고객들의 저항과 부딪힐 수 있고, 경쟁업체가 가격을 인하하면 판매량 감소로 이어질 수 있어 신중하게 결정해야 합니다.

둘째, 변동비비율을 낮추는 것입니다. 이 변동비 중 대표적인 요소는 매입원가입니다. 매입원가를 절감하는 방법은 매입업체와 협상을 통해 구입단가를 인하하는 방법입니다. 하지만 단순히 단가를 낮추기 위해 압박을 주게 되면 품질이 저하될 수 있습니다. 이렇게 되면 타사 제품과 질적 부분에서 비교되어 매출 감소로 연결되기 때문에 사전에 최소한의 가이드라인을 만들어둬야 합니다. 일반적으로는 기존 공정 단계를 개선해 원가를 절감하거나 수요 예측을 통해 제작 단가를 절감하는 방안을 사용합니다.

셋째는 고정비를 낮추는 것입니다. 이는 불필요한 비용 및 고정 요소(예: 소모품비, 도서비 등)를 절감하는 것으로, 매출 대비 효과가 없거나 가치 없는 생산 활동을 중단하는 방법을 의미합니다. 다만 업무의 형태가 바뀌지 않는 한 다시 원래대로 돌아오는 경우가 많아 업무 개선 등을 통해 장기적 방안을 모색하는 것도 필요합니다.

다음은 실무자의 입장에서 설명드리겠습니다. 어느 기업에서나 원하는 인재의 모습은 크게 두 가지입니다. 현재 담당하고 있는 업무의 생산성을 향상시키는 사람, 그리고 회사 이익 증가에 기여하는 사람입니다. 사실 이 두 가지를 모두 해낸다면 그 사람의 성과는 굳이 말하지 않아도 잘 알 것입니다.

첫 번째로 말한 '생산성 향상'은 일반적으로 돈과 시간을 절약해 보다 더 많은 성과를 가져오라는 의미입니다. 효율적인 측면에서 살펴본다면 기존 2시간 걸리던 업무를 1시간으로 줄이거나, 두 명이 하던 업무의 양을 한 명이 해낼 수 있게 하는 방법 등을 의미합니다. 그러려면 머리를 쥐어짜가며 업무의 양을 줄일 수 있는 방법을 찾아내거나, 시간을 조절해 적절하게 사용해야 합니다. 그러나 이는 말이 쉽지 실은 정말 어려운 일입니다. 대부분의 직장인은 해내야 하는 업무량이 많아 야근을 하며 버텨내느라 이런 고민을 할 겨를이 없습니다. 게다가 업무 효과라는 것은 수치화하기가 어려워 이를 검증해서 본인이 노력한 만큼의 성과를 보여주기도 쉽지 않습니다.

두 번째, 회사의 이익 증가에 대한 내용은 다시 두 가지 방법으로 나눌 수 있습니다. 하나는 회사 매출을 늘리는 방안, 다른 하나는 기존 비용을 절감하는 방안입니다. 보통 이 두 가지 방안 중 본인이 맡고 있는 업무에 적합한 것을 선택하게 됩니다. 영업 부서라면 당연히 매출 향상에 방향을 맞출 것이고, 개발 및 지원 부서라면 원가 및 비용 절감에 방향을 맞출 것입니다. 원가나 비용 절감이라고 하면 보통 업무에 사용되는 소모품비, 교통비 등을 절약하는 것이라고 생각합니다. 그러나 이런 비용을 줄인다고 해서 과연 회사의 전체 이익에 어느 정도의 효과가 있는지는 잘 알지 못합니다. 그 원인은 그동안 우리 부서의 고정비에 대해 별다른 관심을 갖지 않았기 때문입니다. 사실 그러한 분석을 해야 할 필요성을 느끼지 못했을 수도 있습니다.

회사가 원하는 인재는 이러한 비용에 관심을 갖고 한번 깊게 파고들어가보는 직원입니다. "우리 부서의 연간 예산이 얼마인데, 여기서 얼마의 비용을 줄이면 이 정도의 이익을 늘릴 수 있겠다." 같은 작은 보고 하나만으로도, 조직의 리더는 상당히 고마워하고 만족할 것입니다. 리더의 업무를 대신해주기 때문입니다. 겉으로 표현하지 않아도 '어, 이런 것도 알고 있었어?' 하며 속으로 놀라게 됩니다.

다만 하나 주의할 점이 있습니다. 비용 절감이라고 해서 모든 비용을 다 줄이는 것은 오히려 역효과를 가져오기도 합니다. 비용 중에서도 고정비와 변동비를 구분해 고정비를 줄이는 방법을 찾아야 합니다. 변동비를 줄이자는 말은 매출을 억제하자는 의미와 같기 때문입니다. 따라서 이 두 가지(고정비, 변동비)를 반드시 분류할 줄 알아야 합니다. 그리고 고정비에 대한 절감 방안을 찾아 이를 얼마만큼 줄여야 하는지 예측하고 방향을 잡아 보고해야 합니다. 그렇게 하기 위해서는 회계 지식이 반드시 필요합니다.

재무비율 분석

✦ 재무비율 분석이란? ✦

재무비율 분석이란 용어 그대로 재무제표상에 기재되어 있는 계정 과목을 서로 비교해 그 상관관계를 도출한 후 특정 사업의 적정성을 판단하는 과정입니다. 예를 들어 자산총계와 부채총계의 두 가지 숫자를 비교하고 비율을 분석해 부채비율이 몇 %인지 산정하는 것이 대표적입니다. 이 비율 분석은 실무적으로 많이 활용되고 있습니다. 따라서 숫자의 정확도도 중요하지만, 먼저 이 업무를 진행하는 목적을 정확히 파악하는 것이 더 중요합니다.

재무비율 분석은 그 목적에 따라 크게 ①안정성, ②활동성, ③수익성, ④성장성으로 구분됩니다. 물론 하나의 보고서에 네 가지 모두 다 기재되는 것은 아닙니다. 각각의 항목은 그 목적에 따라 다양하게 활용되므로 그 중요도의 경중을 따질 수는 없지만, 실무적인 관점에서는 매출액 대비 영업이익률을 가장 많이 확인하게 되기 때문에 '③수익성'을 자주 활용한다고 기억해두시면 좋습니다.

그럼 우리가 이 재무비율을 알아야 하는 이유는 무엇일까요? 그것은 재무제표상에 기재된 두 가지 이상의 계정과목 사이의 상관관계를 분석하는 작업을 통해 우리에게 필요한 회계 정보를 산출할 수 있기 때문입니다. 이 상관관계를 이용해 비율을 분석할 때, 그 비율이 유의미해지기 위해서는 계정 상호 간에 관련성이 있어야 합니다. 또한 기능적으로도 상호 연계가 되어 있어야 합니다. 예를 들면 제품매출원가비율을 구하기 위해서는 손익계산서의 총매출액과 연동하기보다는 제품매출액과 연동하는 것이 더 합리적입니다. 왜냐하면 총매출액에는 제품매출 외에 상품매출, 서비스매출이 포함되어 있기 때문입니다.

재무비율을 계산해 회사의 재무상태나 경영 성과를 평가하기 위해서는 비교·분석을 위한 명확한 기준이 필요합니다. 일반적으로 같은 산업군의 평균비율이나 회사의 과거 재무비율, 그리고 목표로 선정된 예산비율 등을 주로 사용하게 됩니다. 참고로 내부적으로 설정된 목표(예산)비율은 본부와 팀의 사업 성과 달성 여부를 판단하는 지표로 활용되기도 합니다.

다음의 표는 네 가지 재무비율의 내용을 정리한 것입니다.

재무비율의 종류

구분	①안정성	②활동성	③수익성	④성장성
분석 내용	재무상태의 양호 여부	자산의 효율성	수익의 성과 여부	미래의 기업가치
산출 방법	항목별 관계비율	각 자산의 회전율	이익률 (매출/이익)	증가율 (매출/이익)
사용 목적	재무구조의 안정성	자산의 사용 측정	수익/이익의 크기	미래수익의 현재가치
주요 사용자	채권자, 금융기관	경영진	주주	모두

얼핏 너무 복잡해 보일 수 있지만 하나하나 천천히 살펴보면 어렵지 않게 이해할 수 있습니다.

✦ 안정성비율 ✦

가장 먼저 알아볼 것은 '안정성비율'입니다. 안정성을 측정하는 방법은 재무상태표 항목인 자산, 부채, 자본 간의 관계비율을 산출하는 것입니다. 이를 통해 회사의 단기(1년)지급능력을 의미하는 유동성과 경기 변화에 대한 대응능력 등을 측정할 수 있습니다.

안정성비율의 종류를 정리한 표 안의 내용들은 두 가지 공통점을 가지고 있습니다. 첫째는 2개의 숫자를 나누어서 비율을 확인한다는 것이고, 둘째는 사전에 목표로 한 숫자와 그 비율을 비교해 초과 혹은 미달 여부를 체크한다는 점입니다. 각각의 비율을 구하는 방법은 어렵지 않습니다. 비율 분석에 사용되는 용어와 이 분석을

안정성비율의 종류

구분	산식	내용
유동비율	유동자산/유동부채	회사의 단기적 지급능력을 측정하는 대표적인 측정 수단(높을수록 양호)
당좌비율	당좌자산/유동부채	유동비율보다 더 엄격하게 회사의 단기적 지급능력을 측정(100% 이상이면 양호)
부채비율	부채총계/자본총계	재무적 안정성을 측정하는 대표적인 재무비율(낮을수록 양호)
자기자본 비율	자본총계/자산총계	자기자본에 의해 자금을 조달하는 정도를 측정(40% 이상이면 우량, 15% 미만이면 부실)
고정비율	비유동자산/자본총계	자본이 고정화되는 위험을 측정하는 재무비율(낮을수록 양호)
기타	이외 차입금의존도(금융기관 의존율, 30% 이하이면 양호), 이자보상비율(채무상환능력, 150% 이상이면 양호)이 있음	

해야 하는 목적만 명확히 이해하면 쉽게 원하는 정보를 구할 수 있습니다.

유동비율

가장 먼저 유동비율부터 알아보겠습니다. 유동비율이란 1년 안에 현금화가 가능한 '유동자산'이 1년 안에 상환해야 할 '유동부채'의 몇 배에 해당하는지 그 비율을 파악하는 것입니다. 이를 통해 단기적 지급능력을 측정할 수 있으므로 그 비율이 높으면 높을수록 좋습니다. 일반적으로 유동비율은 200% 이상일 때 양호하다고 판단합니다. 예를 들어 1년 이내 상환해야 할 유동부채(채무)가 1억 원이라면, 1년 안에 현금화가 가능한 자산(유동자산) 2억 원을 보유하고 있어야 안정적이라는 뜻입니다.

유동비율: 유동자산 2억 원/유동부채 1억 원 = 200%

당좌비율

유동비율보다 더 엄격하게 적용되는 것이 바로 당좌비율입니다. 당좌비율은 유동자산비율 중에서 현금으로 바로 전환하기 어려운 재고자산을 제외하고 계산합니다. 왜냐하면 재고자산은 사업 환경이나 경기 상황에 따라 1년 안에 모두 판매된다고 보장할 수 없기 때문입니다. 예를 들어 유동부채 1억 원, 유동자산 2억 원일 경우에 유동비율은 200%이지만, 만약 유동자산 중 1억 원이 재고자산이라면 당좌비율은 100%가 됩니다. 일반적으로 당좌비율은 100% 이상을 양호한 것으로 판단합니다.

당좌비율: 당좌자산 1억 원/유동부채 1억 원 = 100%

부채비율

다음은 부채비율입니다. 이는 타인자본(부채총계)과 자기자본(자본총계)의 구성비율을 나타냅니다. 자기자본 대비 타인자본이 높으면

(부채비율이 높으면) 회사의 안정성은 점차 나빠집니다. 단순하게 생각해도 외부에서 빌려온 자본이 많다면 그에 따른 이자 비용이 높아질 수밖에 없으니까요. 부채비율이 높아지면 회사가 신사업을 진행하거나 기존 사업을 확장하기 위해 자금을 필요로 할 때 추가적인 외부 차입이 어려워질 수 있습니다. 대출 금리가 높아지는 것은 말할 것도 없겠지요. 따라서 부채비율은 재무적 안정성을 측정하는 대표적인 비율이며, 부채비율의 상한선은 200%를 기준으로 하는 경우가 많습니다. 부채비율 산출 방법은 부채의 총계에서 자본의 총계를 나누는 것입니다. 예를 들어 부채가 1억 원이고, 자본이 5천만 원이면 부채비율은 200%가 됩니다.

부채비율: 부채총계 1억 원 / 자본총계 5천만 원 = 200%

자기자본비율

다음은 자기자본에 의해 자금을 조달하는 정도를 측정하는 자기자본비율입니다. 자기자본비율은 일반적으로 50% 이상일 경우 안정적이라고 말합니다. 이는 회사의 중장기적인 안정성을 나타내는 지표로, 일반적으로 단시간에 큰 성장을 이뤄낸 회사는 대부분 이 비율이 낮습니다. 왜냐하면 회사의 자본이 커지는 속도보다 회사가 커지는 속도가 더 빨랐기 때문입니다. 즉 타인자본(부채)에 의존하는 비율이 높은 경우가 많은 것입니다. 자산의 총계가 정해져 있다면 부채가 증가하는 만큼 자본이 감소하기 때문에 자기자본비율은 낮아지게 됩니다. 보통 이 비율이 40% 이상일 경우 우량하다고 이 야기하고, 15% 미만인 경우에는 부실하다고 인식하게 됩니다.

자본총계가 1억 원, 자산총계가 2억 원일 경우 자기자본비율을 구하는 산식은 다음과 같습니다.

자기자본비율: 자본총계 1억 원 / 자산총계 2억 원 = 50%

고정비율

마지막으로 고정비율입니다. 고정비율을 계산하는 이유는 지금 당장 현금화하기 어려운 고정자산에 얼마만큼의 자금이 투자되었는지 알기 위해서입니다. 이를 통해 회사의 자본이 고정자산에 너무 많이 투자되는 것을 방지할 수 있습니다. 즉 자금의 유동성을 점검하고 관리하는 목적이라고 생각하시면 됩니다. 따라서 이 비율은 낮을수록 양호합니다.

고정자산이 5천만 원, 자본총계가 1억 원일 경우 고정비율을 구하는 산식은 다음과 같습니다.

고정비율: 고정자산 5천만 원 / 자본총계 1억 원 = 50%

✦ 활동성비율 ✦

다음으로 활동성비율에 대해 알아보겠습니다. 활동성비율을 산출하는 목적은 각종 자산의 회전율을 구해 해당되는 자산의 활용 정도를 측정하기 위함입니다. 예를 들어 매출이 발생한 후 외상으로 판매한 대금이 얼마의 시간이 흘러 통장에 입금되었는지를 점검하는 업무가 이에 속합니다.

이 비율은 일정 기간(1년) 동안의 매출액을 각종 주요 자산으로 나누어 산출합니다. 이후 매출액과 각종 주요 자산의 관계를 비교합니다. 이때 활동성비율은 %로 나타내지 않고 대신 '회'로 결과를 표시합니다. 결과 값이 높으면 높을수록 해당 자산이 활발하게 움

활동성비율의 종류

구분	산식	내용
재고자산 회전율	매출액/재고자산	재고자산이 1년간 얼마나 팔렸는지를 파악 (높을수록 양호)
매출채권 회전율	매출액/매출채권	매출채권 회수가 얼마나 빨리 이루어지는지 측정(높을수록 양호)
총자산 회전율	매출액/자산총계	1년 중에 회사의 자산총계가 움직인 횟수(자 산의 효율적 사용 여부 파악)
자기자본 회전율	매출액/자본총계	자기자본의 사용 정도를 측정(높을수록 양호)
순운전자본 회전율	매출액/순운전자본 (유동자산-유동부채)	순운전자본(사업에 필요한 자금) 회전 정도를 측정(높을수록 양호)

직였음을 알 수 있습니다. 위의 도표를 보며 좀 더 상세하게 알아보 겠습니다.

재고자산회전율

재고자산회전율을 구하는 이유는 회사 내 재고자산이 일정 기간 동 안 몇 번이나 회전했는가를 알기 위함입니다. 이를 통해 재고자산 이 현금으로 변화되는 속도를 알 수 있습니다. 따라서 이 비율이 높 으면(회전율이 높으면) 재고자산이 매출과 연동되어 빨리빨리 팔려 나간다는 의미이고, 이 비율이 낮으면 매출액에 비해 재고가 많다 는 것을 뜻합니다.

재고자산회전율의 모범 기준은 사업의 특성마다 다르기 때문에 별도의 정해진 범위는 없습니다. 따라서 일반적으로 각 회사마다 전년도 데이터와 비교하며 회전율의 증감 여부를 파악해 '전년 대비 몇 회 증가' 혹은 '몇 회 감소' 등으로 보고를 진행합니다. 재고자산회전율을 구하는 산식은 매출에서 재고자산을 나누는 것입니다.

예를 들어 회사의 매출액이 5억 원이고, 평균 재고자산이 2억 원이라고 한다면 회전율은 2.5회가 되는 것이지요. 365일(1년)을 이 회전율로 나누면 재고자산 회전일수가 함께 산출됩니다.

재고자산회전율: 매출액 5억 원 / 재고자산 2억 원 = 2.5회

재고자산 회전일수: 365일 / 재고자산회전율 2.5회 = 146일

매출채권회전율

다음은 매출채권회전율입니다. 이 비율 역시 앞서 설명한 재고자산회전율을 구하는 방법과 산식이 거의 유사합니다. 다만 기준이 되는 것이 매출채권(외상매출금+받을어음)일 뿐입니다. 이 비율을 구하는 목적은 매출 발생 후 매출채권이 얼마간의 기간에 걸쳐 회수되는지를 측정하기 위해서입니다. 대개 매출채권회전율은 1년 단위로 측정을 진행합니다. 하지만 사업 분석을 위해 분기 또는 반기 단위로 측정하는 경우도 있습니다. 이런 경우에는 산식에 적용되는 매출액 또한 분기 또는 반기 단위로 적용합니다.

그렇다면 매출채권회전율이 높은 것과 낮은 것의 차이점은 무엇일까요? 회전율이 높다는 것은 외상대금을 빨리 회수해 현금을 많이 확보하고 있다는 뜻입니다. 따라서 회사의 유동성이 높다는 의미로 해석됩니다. 외상대금은 사실상 무이자 대출의 성격을 갖기 때문에 회사의 입장에서는 빨리 회수하면 할수록 좋습니다. 이 금액을 은행에 예치하면 이자를 받을 수도 있으니까요. 다만 회전율을 높이는 데만 너무 주력하면 거래처에게 큰 부담을 줄 수 있다는 점을 기억해야 합니다. 그래서 경우에 따라서는 거래처 확대를 위해 정책적으로 채권 회수 기간을 연장해주기도 합니다.

반대로 회전율이 낮다는 의미는 외상대금을 현금으로 회수하는 횟수가 적거나 기간이 길어진다는 의미입니다. 이때는 그 원인을 찾아 빠르게 문제를 해결해야겠지요. 늦으면 늦을수록 회사의 잠재적 이익이 줄어드니까요. 매출채권회전율을 구하고 난 다음 산출된 수치를 비교하고 적용하기 위해서는 전년도 대비 증감 여부를 확인하거나, 동종업계 경쟁사의 비율과 비교해야 합니다. 이를 통해 회사의 채권 회수 정책이 적절한지, 혹은 조정이 필요한지 점검할 수 있습니다. 이제 산식을 이용해 비율을 구해보겠습니다.

회사의 매출액이 5억 원이고, 매출채권이 1억 5천만 원일 경우 매출채권회전율은 다음과 같습니다. 또 재고자산회전률과 마찬가지로 365일(1년)을 회전율로 나누면 매출채권 회전일수를 알 수 있습니다.

매출채권회전율: 매출액 5억 원 / 매출채권 1억 5천만 원 = 3.3회

매출채권 회전일수: 365일 / 매출채권회전율 3.3회 = 110일

총자산회전율

다음으로 알아볼 것은 총자산회전율입니다. 이 비율은 매출액에서 자산총계를 나눈 수치이며, 1년 중에 회사의 자산총계가 움직인 횟수를 통해 회사 자산이 얼마만큼 효율적으로 사용되었는지를 파악하는 데 활용됩니다.

참고로 총자산회전율의 수치가 높으면 '회전율이 높다'라는 표현을 사용하는데요. 회사별로 사업의 특성이 다르기 때문에 단순히 수치의 높고 낮음을 통해 좋고 나쁨을 결정하는 데는 무리가 있습니다. 예를 들어 고정자산(공장, 기계장치, 창고 등)이 많은 사업군은 유통을 중심으로 운영하는 사업군보다 회전율이 월등히 낮을 수밖에 없기 때문입니다. 따라서 동일 산업군의 다른 회사와 비율을 비교하는 것이 일반적입니다.

총자산회전율을 구하는 산식은 다음과 같습니다. 예를 들어 회사의 매출액이 5억 원이고, 자산총계가 6억 원이라고 한다면 회전율은 0.84회가 되는 거죠.

총자산회전율: 매출액 5억 원 / 자산총계 6억 원 = 0.84회

자기자본회전율

자기자본회전율은 자기자본의 사용 정도를 측정하는 비율로, 앞서 말씀드린 총자산회전율과 함께 비교해 살펴보는 경우가 많습니다. 자산(부채+자본)을 구성하는 요소 중 자본의 비율보다 부채의 비율이 높으면 총자산회전율이 낮게 나오기 때문입니다. 예를 들어 자기자본(자본)의 효율성은 높은데 총자산회전율이 비교적 높지 않다면 결과적으로 부채가 너무 많다는 것을 뜻합니다. 이 비율을 통해 회사는 자기자본(주주자본금+자본준비금+이익준비금+이익잉여금)을 활용해 얼마나 많은 매출을 올렸는지 점검할 수 있습니다.

이 비율이 높다는 것은 자기자본의 활동상태가 양호하다는 것의 방증이고, 이는 자기가 가진 자본에 비해 많은 매출을 발생시키고 있다는 긍정적인 결과를 나타냅니다. 참고로 자기자본회전율의 비교 우위는 총자산회전율과 유사한 기준을 적용합니다. 즉 판단 기준이 되는 표준비율이라는 것이 별도로 존재하지 않습니다. 그래서 회사의 전년도나 몇 개년 평균비율을 활용해 비교하는 것이 일반적입니다. 또한 동종업계 내 유사 규모의 경쟁사 데이터와 상호 비교해 자기자본의 활동성을 측정하기도 합니다.

회사의 매출액이 5억 원이고, 자기자본총계가 2억 5천만 원이라고 한다면 자기자본회전율은 다음과 같습니다.

자기자본회전율: 매출액 5억 원 / 자기자본 2억 5천만 원 = 2회

순운전자본회전율

활동성비율에서 마지막으로 알아볼 것은 순운전자본회전율입니다. 순운전자본이란 회사가 일상적인 생산 및 판매활동을 진행하기 위해 필요로 하는 자본을 말합니다. 원재료 구매, 제품 제조, 상품 매입, 유통판매의 과정을 진행하기 위해 필요한 자금이 이에 해당되며, 흔히 운전하는 자본이라고 해서 '운전자본'이라고 칭합니다. 순운전자본을 구하는 공식은 '유동자산-유동부채'로 아주 간단합니다. 물론 실제로는 재무상태표 내의 유동자산 중 '매출채권+재고자산'에서 유동부채의 '매입채무'를 뺀 금액을 적용합니다. 여기서는 '유동자산-유동부채'로 진행하겠습니다.

이 비율을 구하는 목적은 회사의 순운전자본이 얼마나 빠르게 회전하고, 이를 통해 1년 동안 회사에 얼마만큼의 매출을 발생시키는지 확인해 회사의 현금화 진행 속도를 체크하는 데 있습니다. 예를 들어 회사의 순운전자본이 커진다면 그만큼 현금이 자산 내에 묶여 사용되지 못하고 있다는 것을 뜻합니다(회전율 감소). 이는 회사의 입장에서 결코 좋은 것이 아닙니다. 현금이 최대한 빨리 회전해야 매출활동에 투자할 수 있는 기회 또한 늘어나기 때문입니다. 결국 순운전자본이 감소해 회전율이 증가할수록 회사 입장에서 유리해집니다.

이 비율 역시 일반적으로 회사의 전년도 또는 몇 개년 평균 수치와 비교합니다. 순운전자본회전율이 증가하는 추세라면 매출액 증가에 비해 순운전자본이 덜 늘어난다는 뜻이고, 이는 회사의 현금화 속도가 좋아지고 있음을 나타냅니다. 반대로 순운전자본회전율이 감소하고 있는 추세라면 현금화되는 활동성이 약화되고 있다는 의미입니다. 보통 순운전자본회전율을 분석할 때는 구성된 항목들을 하나하나 살펴봅니다. 전년도 대비 재고자산이 늘어났는지, 매출채권(받아야 할 돈)이 증가했는지, 아니면 지급해야 할 매입채무(지불해야 할 돈)가 감소했는지 살펴봅니다. 이렇게 그 원인을 찾아 문제점을 해결하거나 개선하기 위한 보고서를 작성하게 됩니다.

예를 들어 회사의 매출액이 5억 원이고, 유동자산이 3억 원, 유동부채가 1억 원이라고 한다면 회전율은 다음과 같습니다.

자기자본회전율: 매출액 5억 원/순운전자본(유동자산 3억 원 −

유동부채 1억 원) 2억 원 = 2.5회

✦ 수익성비율 ✦

다음으로 실무에서 가장 많이 활용되는 수익성비율에 대해 살펴보겠습니다. 이 비율을 구하는 목적은 회사의 존재 목적인 이익 창출이 얼마나 잘되고 있는지를 확인하기 위함입니다. 현재를 알아야 미래를 준비할 수 있듯이, 이 비율을 파악함으로써 회사의 미래 성장 가능성을 예측할 수 있습니다.

수익성비율은 재무상태표 및 손익계산서 항목 간 비율로 계산되며, 보통 경영 성과를 표시하는 중요한 지표로 활용됩니다. 우리가 흔히 실무에서 이야기하는 '영업이익률'이나 '판관비율'이 모두 여기에 속한다고 생각하시면 됩니다.

수익성비율의 종류

구분	산식	내용
매출원가율	매출원가/매출액	생산성과 영업능력을 측정하는 중요한 지표 (낮을수록 양호)
판관비율	판관비/매출액	판매 및 관리활동의 효율성을 의미하는 재무비율(낮을수록 양호)
영업이익률	영업이익/매출액	영업활동 성과와 효율성을 측정하기 위한 재무비율(높을수록 우수)
총자산 순이익률(ROA)	당기순이익/자산	자산총계에 의해 순이익을 얼마나 냈는지 측정(투자수익률 평가 방법 사용)
자기자본 순이익률(ROE)	당기순이익/자본	자기자본에 대한 순이익의 비율(당기순이익을 얼마나 냈는지 측정)
기타	재무상태 정보는 기초금액과 기말금액의 평균치를 사용함	

매출원가율

그럼 가장 먼저 매출원가율부터 알아보겠습니다. 흔히 회사의 생산성과 영업능력을 측정하는 중요한 지표로 이 비율을 활용합니다. 매출원가율은 낮을수록 양호하다는 평가를 받으며, 매출원가를 매출액으로 나눠서 구합니다. 이때 매출액은 '개별 단가×수량'의 합으로 계산하고, 매출원가 역시 '개별 매출원가×수량'으로 계산하는 것이 일반적입니다. 따라서 이 개별 매출원가를 어떻게 효과적으로 절감하느냐에 따라 전체 매출원가 조정이 가능해집니다(물론 이것은 일반적인 제조업에 관한 내용이고, 인적 원가가 높은 서비스업은 다른 방식을 적용합니다).

보통 매출원가 절감을 위해 회사에서 진행하는 방식은 두 가지입니다. 하나는 매입 방법을 개선하는 것(거래처별 경쟁, 박리다매를 통한 절감 등), 그리고 다른 하나는 매출 품목을 집중화하거나 혹은 간소화하는 것입니다. 매출 품목을 집중화한다는 것은 잘 팔리고 수익성이 높은 품목에 집중하는 방법이고, 간소화는 고비용·비인기 품목을 최소화해 불필요한 원가 발생을 줄이는 방법입니다. 물론 여기에는 제품 품질은 기존대로 유지한다는 전제조건이 있어야 합니다.

그럼 산식에 따라 매출원가율을 구해보겠습니다. 예를 들어 회사의 매출액이 5억 원이고, 매출원가가 2억 원이라고 한다면 매출원가율은 다음과 같습니다.

매출원가율: 매출원가 2억 원 / 매출액 5억 원 = 40%

매출원가율은 일반적으로 제품매출원가, 상품매출원가 등 매출의 종류에 따라 구합니다. 그리고 이를 올해의 목표 또는 전년도 결과와 비교해 원가의 변동 폭을 확인하고, 이후 그 변화의 원인을 찾습니다. 각각의 원인에 따라 대처할 수 있는 방법은 달라지고, 이 대처 방법을 적용해 문제를 해결하는 것이 해당 팀의 주요 과제가 됩니다.

판관비율

판관비율은 회사 내 판매 및 관리활동의 효율성을 나타내며 낮을수록 양호하다고 평가받습니다. 판관비율은 영업이익률과 반비례합니다. 즉 판관비가 증가하면 영업이익률이 낮아지고, 판관비가 감소하면 영업이익률이 좋아진다고 기억하시면 됩니다.

통상적으로 판관비율은 올해의 목표, 그리고 과거 실적과 비교해 그 증감률을 분석합니다. 매출액 증가율보다 판관비 증가율이 낮으면 회사의 이익이 증가하고 있다는 뜻이고, 반대로 매출액 증가율보다 판관비 증가율이 크다면 비용 계정 중 어딘가에 문제가 발생했다는 의미로 해석됩니다.

참고로 매출원가는 대부분 매출과 연동된 변동비지만, 판관비는 변동비와 고정비를 모두 포함합니다. 영업실적에 따라 변하는 수수료나 판매수량에 따라 변하는 물류비 등은 변동비에 속하지만, 나머지 비용은 매출과 상관없이 고정비에 속하기 때문입니다. 따라서 판관비의 경우 절감해야 하는 항목이 고정비냐 변동비냐에 따라 그 개선 방법이 달라집니다. 산식에 따라 판관비를 적용하면 다음과 같습니다. 예를 들어 회사의 매출액이 5억 원이고, 판관비가 3억 원이라고 한다면 판관비율은 60%가 됩니다.

판관비율: 판관비 3억 원/매출액 5억 원 = 60%

영업이익률

다음 살펴볼 것은 영업이익률입니다. 영업이익률은 회사의 가장 중요한 경영지표입니다. 어느 한 회사의 1년 경영 성과를 보고 싶을 때 가장 먼저 확인해야 하는 지표라고 생각하셔도 됩니다. 일반적으로 사업 예산을 수립할 때도 매출 목표 다음으로 중요한 기준이 되는 것이 바로 목표 영업이익률입니다. 영업이익은 매출액에서 매출원가와 판관비를 차감해 계산합니다. 영업이익률은 영업활동에 투입된 비용을 매출액에 대한 비율로 나타낸 것이므로 높으면 높을수록 좋습니다(보통 10% 이상이면 양호하다고 평가합니다).

영업이익률이 높다는 것은 회사가 영업활동을 잘했다는 의미이기 때문에 동종 산업군 내에서는 이 비율로 회사의 순위를 나열하기도 합니다. 참고로 영업이익이 적자가 나오는 경우에는 영업이익률이 (○○)%라고 표기합니다. 회사의 매출액이 5억 원이고, 영업이익이 5천만 원이라고 한다면 영업이익률은 다음과 같이 계산할 수 있습니다.

영업이익률: 영업이익 5천만 원 / 매출액 5억 원 = 10%

방금 언급한 세 가지 비율(매출원가율, 판관비율, 영업이익률)은 내부적으로 회사를 관리하는 데 가장 많이 활용되는 지표들이었습니다. 그렇다면 외부적으로 필요한 지표는 무엇일까요? 바로 총자산순이익률(ROA)과 자기자본순이익률(ROE)입니다. 이는 회사의 투자자들(주주)과 관련된 지표들입니다. 하나하나 설명드리겠습니다.

총자산순이익률

먼저 총자산순이익률(ROA: Return On Assets)입니다. 이 지표는 당기순이익을 자산총계로 나눈 비율입니다. 즉 자산총계에 의해 회사의 순이익을 얼마나 냈는지 측정하는 지표라고 기억하시면 됩니다. 일반적으로 주주는 회사에 투자하고 그 결과인 배당을 통해 배당수익을 가져갑니다. 이는 단순히 은행 예금이나 적금을 통해 받는 이자 수입과 달리 본인의 의사결정에 따른 '투자'를 실행해 얻은 결과입니다. 이 투자라는 개념을 통해 발생한 이익을 투자수익률(ROI: Return on Investment)이라고 합니다. 이 투자수익률은 회사의 순이익을 투자액으로 나누어 구한 값입니다.

개인이 투자수익률을 통해 투자로 얻은 수익을 알 수 있듯이, 경영진은 총자산순이익률을 통해 회사의 투자수익률을 알 수 있습니다. 이는 회사의 자산총계를 투자액으로 생각하고, 투자액을 통해 당기순이익이 얼마만큼 발생했는지를 측정하는 것입니다. 즉 회사가 보유한 자산을 활용해 순이익이 얼마만큼 발생했는지를 알아보는 지표로, 회사를 운영하는 경영진의 영업성과를 나타냅니다.

회사의 당기순이익이 1억 원이고, 자산총계가 20억 원이라고 한다면 총자산순이익률은 다음과 같습니다.

총자산순이익률: 당기순이익 1억 원 / 자산총계 20억 원 = 5%

자기자본순이익률

다음은 자기자본순이익률(ROE; Return On Equity)입니다. 이 또한 방금 설명한 총자산순이익률과 거의 유사합니다. 다른 점이 있다면 당기순이익을 자산총계가 아닌 자기자본으로만 구한다는 것입니다. 회사가 보유한 순수한 자본(타인자본 제외)으로만 순이익을 구하기 때문에 주주들이 가장 기본적으로 찾아보는 수치입니다. 즉 주주의 투자효율을 나타내는 지표라고 할 수 있습니다.

자기자본순이익률은 높으면 높을수록 좋습니다. 참고로 상장 회사 중에 자기자본순이익률이 높은 회사는 주가가 높은 경우가 많습니다. 그 이유는 자기자본순이익률이 높을수록 자본을 효율적으로 사용해 이익을 많이 냈다는 뜻이기 때문입니다. 이러한 이유로 자기자본순이익률은 주주들의 투자 지표로 활용되는 경우가 많습니다. 또한 시중 은행 금리와 비교되기도 합니다. 주주 입장에서는 이 비율이 높아야 은행 이자보다 더 높은 수익을 기대할 수 있겠죠.

그러면 이 자기자본순이익률을 구하는 산식을 적용해보겠습니다. 예를 들어 회사의 당기순이익이 1억 원이고, 자본총계가 10억 원이라고 한다면 자기자본순이익률은 다음과 같습니다.

자기자본순이익률: 당기순이익 1억 원 / 자본총계 10억 원 = 10%

✦ 성장성비율 ✦

다음은 성장성비율에 대해 알아보겠습니다. 앞서 세 가지 재무비율 (안정성, 활동성, 수익성)을 모두 구해봤다면 성장성비율 또한 쉽게 구하실 수 있을 겁니다. 왜냐하면 이 부분은 별도의 값을 새롭게 구하는 것이 아니라, 당해 기준의 재무비율을 전년도와 비교해 그 성과를 확인하는 것이기 때문입니다.

성장성비율을 구하는 목적은 회사의 미래 잠재력을 측정하는 데 있습니다. 성장성비율을 구해 그 데이터로 우리는 회사가 지속적으로 성장하고 발전하고 있는지, 혹은 잠시 정체기에 빠졌는지, 또는 회사의 각 사업들이 쇠퇴기에 진입했는지 등을 파악할 수 있습니다.

　성장성비율을 구하기 위해서는 먼저 올해의 경영 성과와 재무 상태를 도출해야 합니다. 그리고 전년도 대비 올해 증감을 비율로 계산하면 됩니다. 다만 앞서 배웠던 수익성 지표와 마찬가지로 단기적 결과에 따라 비율의 변동 폭이 크기 때문에 실무에서는 작년 한 해가 아니라 3년 혹은 5년 단위로 비율을 찾아 그 추세를 비교하기도 합니다.

　성장성비율의 종류는 다음과 같습니다.

성장성비율의 종류

구분	산식	내용
매출액 증가율	(당해 매출액 – 전년도 매출액) / 전년도 매출액	경영 성과의 변화를 설명하는 대표적인 지표(매출액 증가 = 시장점유율 확대)
영업이익 증가율	(당해 영업이익 – 전년도 영업이익) / 전년도 영업이익	당해 영업이익이 전년도 대비 변화된 비율 표시
총자산 증가율	(당해 말 총자산 – 전년도 말 총자산) / 전년도 말 총자산	회사 전체의 성장 정도를 측정하는 지표
자기자본 증가율	(당해 말 자본 – 전년도 말 자본) / 전년도 말 자본	자본의 충실화 정도를 측정하는 지표
유동자산 증가율	(당해 말 유동자산 – 전년도 말 유동자산) / 전년도 말 유동자산	단기적 지급능력의 증가 정도를 측정하는 비율
기타	동종 업계나 경쟁사와 성장성을 비교해 자사의 경영상황을 파악할 수 있음	

매출액증가율

매출액증가율은 별도의 수식이 필요 없을 만큼 대표적인 경영 지표 중 하나입니다. 앞서 경영 성과의 최종적 목표는 매출의 증가와 이익의 확대에 있다고 여러 번 말씀드린 바 있습니다. 여기서 매출의 증가는 시장점유율 확대를, 이익의 확대는 이윤의 증가를 의미합니다. 이윤이 증가하면 더 많은 금액을 주주에게 배당할 수 있게 됩니다.

회사는 일반적으로 안정보다 성장을 추구하는 경향이 강하므로, 여러 성장성 지표 중에서도 매출액증가율을 가장 먼저 확인한다고 기억해두시면 좋습니다. 실제로 간단한 예를 들어 계산해보겠습니다.

전년도 매출액이 5억 원이고, 올해 매출액이 6억 원이라면 전년도 대비 매출액증가율은 20%임을 알 수 있습니다,

매출액증가율: (올해 매출액 6억 원 − 전년도 매출액 5억 원)/

전년도 매출액 5억 원×100 = 20%

영업이익증가율

다음은 영업이익증가율입니다. 매출액만큼이나 이익의 증가는 중요하게 여겨집니다. 해당 지표를 구함으로써 우리는 회사의 영업이익이 전년도 대비 얼마나 변화되었는지 확인할 수 있습니다. 회사

가 매출을 신장시키고, 비용을 효과적으로 절감했다면 이 비율은 당연히 올라갈 것입니다.

예를 들어 계산을 해볼게요. 전년도 영업이익이 2억 원이고, 올해 영업이익이 2억 5천만 원이라면 이 회사의 영업이익증가율을 전년도 대비 25%입니다.

> 영업이익증가율: (올해 영업이익 2억 5천만 원−전년도 영업이
>
> 익 2억 원)/전년도 영업이익 2억 원 = 25%

총자산증가율

총자산증가율은 회사의 총자산이 전년도와 비교했을 때 얼마만큼 증가했는지 비율로 보여주는 지표입니다. 이를 통해 회사의 규모가 얼마만큼 성장했는지를 알 수 있습니다. 참고로 이 지표는 자기자본증가율, 유형자산증가율, 재고자산증가율 등과 함께 비교해서 확인하는 것이 적합합니다. 이를 통해 총자산이 증가한 원인을 보다 더 세부적으로 알 수 있기 때문입니다. 만약 총자산증가율과 유형자산증가율이 비슷하게 올라갔다면, 1년 이내 현금화가 가능한 자산이 증가했다는 것을 알 수 있습니다.

간단한 예를 들어 계산해보겠습니다. 전년도 총자산이 15억 원이고, 올해 총자산이 18억 원이라면 증가율은 전년도 대비 20%라는 걸 알 수 있습니다.

총자산증가율: (올해 총자산 18억 원 − 전년도 총자산 15억 원) /

전년도 총자산 15억 원 = 20%

자기자본증가율

자기자본증가율은 자기자본의 충실화 정도를 측정해 회사가 성장하고 있는지를 알아보는 지표입니다. 총자산은 부채가 늘어도 증가하는 경향이 있습니다. 하지만 자기자본은 순수하게 회사 내 자본으로만 측정하기 때문에 회사의 성장성을 보다 정확하게 측정할 수 있습니다. 즉 자기자본증가율이 높으면 높을수록 회사는 더 많이 성장한 겁니다. 아울러 자기자본증가율이 높은 회사일수록 더 많은 투자 여력을 가지고 있습니다. 따라서 특정 사업에 참여할 적절한 타이밍을 놓치지 않고 공격적으로 투자할 수 있습니다. 전년도 자본이 7억 원이고, 올해 자본이 8억 4천만 원이라면 증가율은 전년도 대비 20%가 됩니다.

자기자본증가율: (올해 자기자본 8억 4천만 원 − 전년도 자기자본 7억 원) / 전년도 자기자본 7억 원 = 20%

유동자산증가율

마지막으로 유동자산증가율입니다. 이 지표는 회사가 정상적인 사업활동을 하기 위해 가지고 있는 유동자산(당좌자산, 재고자산 등)이 전년도에 비해 얼마만큼 변했는지를 점검하는 데 사용됩니다. 일반적으로 회사의 매출이 증가하면 유동자산도 함께 증가하게 됩니다. 물건이 판매되면 재고자산 자체는 줄어드는 것이 당연하지만, 매출액에 따른 매출채권이 늘어나기 때문에 전체적인 유동자산은 증가하는 구조입니다. 다만 매출이 전년도에 비해 크게 늘어나지 않았는데 유동자산이 이보다 더 높은 비율로 증가했다면 그 원인을 별도로 확인해봐야 합니다. 일반적으로는 채권의 회수관리가 적절하게 이루어지지 못했거나, 재고자산이 증가한 경우가 대부분입니다. 매출채권회전율이나 재고자산회전율을 유동자산증가율과 같이 비교해서 내용을 점검하고, 그 원인을 찾아내면 됩니다.

전년도 유동자산이 10억 원이고, 올해 유동자산이 12억 원이라면 증가율은 전년도 대비 20%가 된다는 것을 알 수 있습니다.

유동자산증가율: (올해 유동자산 12억 원 − 전년도 유동자산 10억 원) / 전년도 유동자산 10억 = 20%

이 비율은 동종 업계 내 경쟁사의 성장성비율과 함께 비교해 업계의 전반적인 현황을 확인하는 데 쓰이기도 합니다. 또 회사의 성장성 지표와 비교해 경영상황을 파악할 수도 있습니다.

- 사례1: 반도체 장비 회사
- 사례2: 제조업 회사
- 사례3: IT 회사

재무비율 분석 사례

✦ 사례1: 반도체 장비 회사 ✦

앞서 설명한 재무비율을 더 자세히 알아보기 위해 업종이 다른 3개 회사의 손익 자료를 분석한 사례를 살펴보도록 하겠습니다. 손익계산서뿐만 아니라 재무상태표의 자산, 부채, 자본의 내역까지 비교해 재무비율을 분석할 텐데요. 기존 사업과의 연속성을 살펴보기 위해 3개년도의 실적을 동시에 기재했습니다.

첫 번째는 반도체 장비 관련 사업을 주력으로 하는 회사입니다. 사업 매출은 사업 연수가 늘어날수록 점점 더 증가하고 있습니다. 물론 매출원가도 함께 늘어나고 있지만, 판관비의 증가 폭은 그리 높지 않기 때문에 영업이익이 지속적으로 커지고 있음을 알 수 있

손익계산서

계정과목	사업 1년	사업 2년	사업 3년
매출액	201	239	243
매출원가	120	129	132
매출총이익	81	110	111
판매비와관리비	52	56	52
영업이익	29	54	59

습니다.

사업의 수익성과 성장성을 좀 더 자세히 살펴보겠습니다. 3개년 도의 수치 자료를 중심으로 만들어진 자료는 다음과 같습니다.

수익성 부문

구분	사업 1년	사업 2년	사업 3년
매출총이익률	40.3%	46.0%	45.7%
매출총이익	81	110	111
매출액	201	239	243
영업이익률	14.4%	22.6%	24.3%
영업이익	29	54	59
매출액	201	239	243

성장성 부문

구분	사업 1년	사업 2년	사업 3년
매출액증가율	0.5%	18.9%	1.7%
매출액 〈전기〉	200	201	239
매출액 〈당기〉	201	239	243
영업이익증가율	11.5%	86.2%	9.3%
영업이익 〈전기〉	26	29	54
영업이익 〈당기〉	29	54	59

　　매출총이익률은 매출원가와 밀접한 연관이 있습니다. 매출원가가 높을수록 매출총이익이 낮아지기 때문입니다. 반대로 매출원가가 절감된다면 당연히 매출총이익은 올라가서 매출이익률도 상승하게 될 겁니다. 이 회사는 2년 차 매출이 크게 증가하면서 매출총이익이 함께 증가했습니다. 이와 더불어 매출총이익률도 40.3%에서 46.0%로 대폭 상승했습니다. 다만 사업 3년 차의 경우에는 사업 2년 차의 실적이 너무 좋았기 때문에 매출이 상승했음에도 불구하고 매출총이익률이 다소 하락했습니다. 이처럼 등락 폭이 크지 않을 때는 원인 분석이 큰 의미를 가지지는 않습니다. 그 대신 집중해야 할 것은 영업이익률입니다. 1년 차에 14.4%에 불과했던 영업이익률은 3년 차에 24.3%까지 상승하며 약 10% 이상 증가했습니다. 일반적인 회사의 영업이익률이 5~10% 사이인 것을 감안하면 이

것은 굉장히 높은 수치입니다. 더구나 매출이 증가할수록 매년 영업이익이 커지고 있다는 것은 회사의 성장성이 매우 높다는 방증입니다.

실제로 영업이익증가율을 보면 사업 1년 차는 전년도에 비해 약 11.5%의 성장을, 사업 2년 차는 전년도에 비해 무려 86.2% 성장했습니다. 사업 3년 차는 9.3%의 성장률을 보여주어 매출액 증가율 (1.7%) 대비 영업이익증가율이 더 높았음을 알 수 있습니다. 이처럼 성장성비율은 자세한 수치를 비교함으로써 정확한 내역을 파악할 수 있습니다.

그렇다면 이 회사의 재무상태표는 어떻게 변화했을까요?

재무상태표

계정과목	사업 1년	사업 2년	사업 3년
유동자산	141	147	174
비유동자산	120	154	164
자산총계	261	301	338
유동부채	55	67	69
비유동부채	14	20	22
부채총계	69	87	91
자본총계	192	214	247
부채와자본총계	261	301	338

안정성 부문

구분	사업 1년	사업 2년	사업 3년
부채비율	35.9%	40.7%	36.8%
부채총계	69	87	91
자본총계	192	214	247
유동부채비율	28.6%	31.3%	27.9%
유동부채	55	67	69
자본총계	192	214	247

우선 영업이익이 증가하면서 자산의 크기도 같이 늘어난 상태입니다. 아울러 이익잉여금이 증가하면서 자본의 크기도 같이 증가했습니다. 이러한 재무상태표의 변화는 재무비율을 통해 보다 더 정확하게 확인할 수 있습니다.

일반적으로 가장 먼저 살펴봐야 하는 것은 부채비율입니다. 이 비율은 사업 1년 차 35.9%에서 사업 2년 차에 다소 증가했다가 다시 사업 3년 차에는 36.8%로 감소한 상태입니다. 아마도 증가한 이익금을 이용해 부채를 줄인 것으로 예상됩니다. 그래도 부채비율이 50% 미만이기 때문에 우수한 상태라고 할 수 있습니다.

부채의 규모를 알기 위해서 좀 더 정확한 지표인 유동부채비율을 살펴보겠습니다. 이 비율도 사업 1년 차 28.6%에서 사업 2년 차에 31.3%로 증가했다가 3년 차에 27.9%로 많이 낮아졌습니다. 즉 매출액과 영업이익의 증가를 통해 자본이 늘어나면서 부채비율이 안정화된 것을 알 수 있습니다.

활동성 부문

구분	사업 1년	사업 2년	사업 3년
총자산회전율	0.8	0.8	0.7
매출액	201	239	243
자산총계	261	301	338
자기자본회전율	1.0	1.1	1.0
매출액	201	239	243
자본총계	192	214	247

다음으로 손익계산서와 재무상태표의 수치를 통해 활동성을 살펴보겠습니다. 기업의 활동성을 알아보는 이유는 각종 자산의 활용 정도를 측정하기 위해서입니다. 총자산회전율은 1년 중 회사의 자산 총액이 움직인 횟수를 나타내며, 자산의 효율적 사용 여부를 파악하기 위한 기본적인 재무지표입니다. 표를 보시면 사업 1년 차부터 사업 3년 차까지 큰 변화가 없다는 것을 알 수 있을 겁니다. 사실 한 회사의 회전율은 특별한 사유가 없는 한 큰 변동을 나타내지 않습니다. 따라서 한 회사의 몇 년치 자료를 살펴보기보다는 동종 업계의 타사 자료와 견주어보는 것이 더 정확한 비교 방법입니다. 총

자산회전율의 수치가 1.0 미만인 것을 통해 이 회사가 장치, 시설 및 설비 쪽에 많은 금액을 투자했다는 것을 예상할 수 있겠지요.

다음으로 살펴볼 것은 자기자본회전율입니다. 이 비율은 회사가 자기자본을 활용해 얼마나 많은 매출을 올렸는지 점검하는 지표입니다. 마찬가지로 비율이 높으면 높을수록 자기자본의 활동상태가 양호하다는 뜻입니다. 이 지표도 1.0 내외에서 크게 움직임이 없습니다.

마지막으로 현금흐름표를 살펴보겠습니다.

현금흐름표

구분	사업 1년	사업 2년	사업 3년
영업활동현금흐름	47	62	67
투자활동현금흐름	−29	−50	−52
재무활동현금흐름	−8	−13	−15
현금 및 현금성자산의 증가(감소)	10	−1	0
기초 현금 및 현금성자산	22	32	31
기말 현금 및 현금성자산	32	31	31

회사의 기말 현금 변화 역시 그리 크지 않다는 것을 확인할 수 있습니다. 그러면 영업이익의 증가를 통해 들어온 돈은 다 어디로 갔을까요? 자세히 살펴보면 투자활동현금흐름의 금액이 비교적 많

습니다. 즉 이 회사는 현금을 보유하고 있기보다는 투자를 통해 더 높은 성장을 준비하고 있다는 것을 예상할 수 있습니다. 사업 3년 차의 경우 영업이익이 59인데, 투자활동현금흐름이 -52입니다. 이는 벌어들인 현금의 대부분을 다시 재투자한다는 의미입니다.

✦ 사례2: 제조업 회사 ✦

다음으로 살펴볼 곳은 일반 제조업 회사입니다. 가장 먼저 손익계산서부터 살펴보겠습니다.

손익계산서

계정과목	사업 1년	사업 2년	사업 3년
매출액	94	97	97
매출원가	76	79	82
매출총이익	18	18	15
판매비와관리비	13	14	13
영업이익	5	4	2

매출액은 사업 1년 차에서 2년 차까지 약간 상승했고, 2년 차와 3년 차가 동일합니다. 하지만 2년 차와 3년 차에는 큰 차이가 있는 데요. 매출원가가 79에서 82로 올라 원가율이 다소 상승했다는 점입니다. 제조업은 업종의 특성상 매출원가율이 상당히 높은 편에 속합니다. 그리고 원가율은 매출총이익과 영업이익에 연쇄적인 영향을 미칩니다. 실제로 영업이익은 사업 2년 차 4에서 사업 3년 차 2로 줄어든 것을 확인할 수 있습니다. 원가 상승이 영업이익에 악영향을 미쳤기 때문입니다.

매출총이익률과 영업이익을 좀 더 상세히 살펴보겠습니다.

수익성 부분

구분	사업 1년	사업 2년	사업 3년
매출총이익률	19.1%	18.6%	15.5%
매출총이익	18	18	15
매출액	94	97	97
영업이익률	5.3%	4.1%	2.1%
영업이익	5	4	2
매출액	94	97	97

매출총이익률은 사업 1년 차에 19.1%로 가장 높고, 사업 3년 차에 15.5%로 가장 낮은 모습입니다. 매년 원가가 상승하면서 매출

총이익률이 감소하게 된 것인데요. 사업 3년 차에 매출총이익률이 15.5%라는 의미는 매출원가율이 무려 84.5%까지 올랐다는 의미가 됩니다. 매출원가는 일반적으로 매출과 연동되는 변동비의 성격이 강하기 때문에 매출이 증가하면 함께 올라갈 수밖에 없습니다. 즉 근본적인 원가 절감 방안이 마련되지 않을 경우 이익률을 올리기는 몹시 어렵습니다.

이러한 결과로 영업이익률 역시 사업 1년 차 5.3%에서 사업 3년 차 2.1%로 크게 떨어졌습니다. 영업이익률 2.1%는 자칫 관리나 사업 운영이 흔들릴 경우 바로 적자로 돌아설 수 있는 아주 취약한 비율입니다. 따라서 이 회사는 영업이익률을 상승시킬 수 있는 획기적인 방안 마련이 시급하다고 진단할 수 있습니다.

성장성 측면에서 살펴보자면 매출액증가율은 다행히 사업 2년

성장성 부문

구분	사업 1년	사업 2년	사업 3년
매출액증가율	2.2%	3.2%	0.0%
매출액 〈전기〉	92	94	97
매출액 〈당기〉	94	97	97
영업이익증가율	−14.3%	−16.7%	−40.0%
영업이익 〈전기〉	7	6	5
영업이익 〈당기〉	6	5	3

차에 3.2% 성장하고, 3년 차에 이를 유지했습니다. 다만 앞서 확인했던 것처럼 매출원가가 상승함에 따라 매년 영업이익증가율은 낮아지고 있습니다.

다음으로 이야기할 것은 재무상태표입니다.

재무상태표

계정과목	사업 1년	사업 2년	사업 3년
유동자산	73	74	74
비유동자산	107	105	108
자산총계	180	179	182
유동부채	44	44	50
비유동부채	63	60	58
부채총계	107	104	108
자본총계	73	75	74
부채와자본총계	180	179	182

매출의 증가와 영업이익의 발생으로 자산총계는 조금씩 늘어나고 있습니다. 관련된 유동자산이나 비유동자산의 증가 폭은 그리 높지 않은 것을 확인할 수 있습니다. 다만 부채가 증가하고 있다는 점에 주목해야 합니다. 특히 유동부채는 사업 1년 차 44에서 사업 3년 차에 50으로 증가했습니다. 영업이익의 규모가 3개년 평균 3.6인

회사에서 유동부채가 6 정도 늘어났다는 것은 우려할 만한 수준입니다. 하지만 반대로 비유동부채는 63에서 58로 감소했습니다. 따라서 전체적인 부채총계는 3년간 1 정도 증가한 것으로, 이는 결국 줄어든 비유동부채가 유동부채 쪽으로 이동한 것이 아닌가 예상됩니다. 관련된 부채비율은 바로 안정성 부문에서 설명드리겠습니다.

안정성 부문

구분	사업 1년	사업 2년	사업 3년
부채비율	146.6%	138.7%	144.6%
부채총계	107	104	107
자본총계	73	75	74
유동부채비율	60.3%	58.7%	67.6%
유동부채	44	44	50
자본총계	73	75	74

회사의 안정성 측면에서 가장 먼저 살펴봐야 하는 것은 부채비율입니다. 이 회사는 사업 1년 차 146.6%에서 사업 3년 차 144.6%로 부채비율이 다소 감소되었습니다. 하지만 이 경우 부채의 규모가 줄었다기보다는 자본총계가 소폭 증가하면서 연쇄적으로 부채비율이 낮아진 것입니다. 다만 유동부채비율은 사업 1년 차 60.3%에서 사업 3년 차 67.6%로 증가했습니다. 유동부채비율이 늘었다

는 것은 그만큼 회사의 부담이 증가했다는 의미입니다. 아울러 영업이익은 줄어들고 있기 때문에 현재 회사의 사업 성과가 안정적이지 못한 것이 아닌지 의심해봐야 합니다.

다음은 활동성 부문을 살펴보겠습니다.

활동성 부문

구분	사업 1년	사업 2년	사업 3년
총자산회전율	0.5	0.5	0.5
매출액	94	97	97
자산총계	179	179	181
자기자본회전율	1.4	1.3	1.3
매출액	94	97	97
자본총계	67	73	75

활동성 부문은 그리 큰 변화가 없습니다. 총자산회전율이 사업 1년 차부터 사업 3년 차까지 0.5 내외에서 큰 움직임이 없습니다. 자기자본회전율도 큰 변화가 없는 것을 알 수 있습니다.

마지막으로 현금흐름표를 살펴보겠습니다. 다행히 영업활동현금흐름은 사업 1년 차일 때 1에서 사업 3년 차에 4로 증가한 상황입니다. 따라서 재무활동현금흐름 유입이 조금 감소되어 회사의 부담이 줄어들게 되었습니다. 기말 현금은 큰 변동 없이 일정한 수준을

현금흐름표

구분	사업 1년	사업 2년	사업 3년
영업활동현금흐름	1	4	4
투자활동현금흐름	−6	−5	−3
재무활동현금흐름	6	2	−1
현금 및 현금성자산의 증가(감소)	1	1	0
기초 현금 및 현금성자산	7	8	9
기말 현금 및 현금성자산	8	9	9

유지하고 있습니다. 다만 투자활동현금흐름이 사업 1년 차 −6에서 사업 3년 차 −3으로 점차 감소한 것으로 보아 투자에 사용되는 현금이 점점 줄어들었음을 알 수 있습니다. 이는 장기적으로 사업의 성장보다는 사업의 안정성을 위해 현상 유지에 무게를 싣고 있음을 예상할 수 있는 부분입니다. 혹은 제조업의 특성상 대규모로 투자했던 공장이나 기계장치 등의 설비 투자가 거의 마무리되어가고 있다는 의미일 수도 있겠습니다. 따라서 이러한 경우 보다 더 정확한 내용 확인을 위해 재무제표의 주석을 살펴보는 것이 좋습니다.

✦ 사례3: IT 회사 ✦

세 번째로 살펴볼 사례는 IT 회사입니다. IT 회사는 앞의 두 회사와
는 달리 무형의 제품이나 상품을 주로 판매한다는 특징이 있습니
다. 따라서 매출원가가 다른 두 회사보다 높지 않다는 점이 특징입
니다.

가장 먼저 손익계산서부터 살펴보겠습니다. 매출은 사업 2년 차
에 크게 성장했다가 사업 3년 차에 전년도와 유사한 수준을 유지하
고 있습니다. 다만 매출원가가 매출의 성장과 더불어 비슷한 비율
로 증가했음을 확인할 수 있습니다. 좀 더 자세한 내역은 수익성 부
문에서 확인해보겠습니다.

손익계산서

계정과목	사업 1년	사업 2년	사업 3년
매출액	10	18	17
매출원가	2	4	4
매출총이익	8	14	13
판매비와관리비	5	8	7
영업이익	3	6	6

수익성 부문

구분	사업 1년	사업 2년	사업 3년
매출총이익률	80.0%	77.8%	76.5%
매출총이익	8	14	13
매출액	10	18	17
영업이익률	30.0%	33.3%	35.3%
영업이익	3	6	6
매출액	10	18	17

　　매출총이익률은 거의 75~80%대를 유지하고 있습니다. IT 회사 특성상 유형의 재고자산이 없기 때문에 원가율은 그리 높지 않습니다. 사실상 사업과 관련된 재고자산의 유지비용도 많지 않을 것입니다. 하지만 일반적인 IT 회사들은 주로 연구개발 등을 위한 인력

운용이 많기 때문에 상대적으로 인건비 부담이 높은 편입니다. 그래서 판관비율이 높게 나타나는 특징이 있습니다. 하지만 그럼에도 이 회사의 영업이익률은 무려 30%가 넘습니다. 굉장히 우량한 회사입니다. 변동비에 해당하는 매출원가가 높지 않기 때문에 공헌이익 또한 높습니다. 공헌이익이 높은 회사의 가장 큰 특징은 사업상 꼭 필요한 고정비를 넘어서는 매출이 발생할 경우 이익이 급격히 상승하는 구조를 가졌다는 점입니다.

성장성 부문

구분	사업 1년	사업 2년	사업 3년
매출액증가율	25.0%	80.0%	-5.6%
매출액 〈전기〉	8	10	18
매출액 〈당기〉	10	18	17
영업이익증가율	50.0%	100.0%	0.0%
영업이익 〈전기〉	2	3	6
영업이익 〈당기〉	3	6	6

성장성을 한번 볼까요. 이 회사의 매출액은 사업 2년 차에 큰 폭으로 성장합니다. 이에 발맞춰 영업이익증가율도 유사한 비율로 상승했습니다. 사업 3년 차에는 매출액은 소폭 감소했으나 영업이익률은 오히려 상승했습니다. 영업이익 총액은 6으로 사업 2년 차와

동일하나 매출액이 1 정도 감소되어 상대적으로 비율이 올라간 것으로 보입니다. 하지만 매출이 감소되어도 영업이익률이 상승했다는 것은 결국 내부적으로 원가나 비용 절감에 성공했다는 의미겠지요.

재무상태표

계정과목	사업 1년	사업 2년	사업 3년
유동자산	12	18	16
비유동자산	12	18	14
자산총계	24	36	30
유동부채	3	5	5
비유동부채	2	4	1
부채총계	5	9	6
자본총계	19	27	24
부채와자본총계	24	36	30

다음은 이러한 손익 기준에 맞춰 재무상태표를 확인해보겠습니다. 영업이익이 증가함에 따라 전체적인 자산의 규모는 커졌습니다. 자산총계가 사업 1년 차 24에서 사업 2년 차 36으로 크게 증가했다가 다시 사업 3년 차에 30으로 내려온 것을 확인할 수 있습니다. 부채총계도 사업 1년 차 5에서 사업 2년 차 9로 증가했다가 다시 사업

3년 차에 6으로 감소했습니다. 아울러 자본의 규모도 사업 2년 차에 크게 증가했다가 사업 3년 차에 다시 줄어들었습니다.

다음은 안정성비율을 좀 더 자세히 살펴보겠습니다.

안정성 부문

구분	사업 1년	사업 2년	사업 3년
부채비율	26.3%	33.0%	25.0%
부채총계	5	9	6
자본총계	19	27	24
유동부채비율	15.8%	18.5%	20.8%
유동부채	3	5	5
자본총계	19	27	24

부채비율은 사업 3년 차에 25.0%로 가장 낮습니다. 평균적으로 부채비율이 낮은 IT 회사의 특징을 차치하고서도 이 회사의 부채비율은 굉장히 양호한 수준입니다. 영업이익을 유지하면서 부채비율을 감소시킨 것은 이 회사가 내실을 튼튼하게 다져가고 있다는 의미로 해석할 수 있습니다. 하지만 여기서 주목해야 할 부분은 부채비율은 감소하고 있지만 1년 이내 상환해야 하는 유동부채비율이 조금씩 증가하고 있다는 점입니다. 이런 경우에는 1~2년 더 부채비율 상황을 지켜봐야 보다 더 정확한 재무 상황을 파악할 수 있습니다.

활동성 부문

구분	사업 1년	사업 2년	사업 3년
총자산회전율	0.4	0.5	0.6
매출액	10	18	17
자산총계	24	36	30
자기자본회전율	0.5	0.7	0.7
매출액	10	18	17
자본총계	19	27	24

　활동성 부문에서 확인해봐야 하는 것은 총자산회전율과 자기자본회전율입니다. 매출액이 증가했지만 자산의 규모도 덩달아 커졌기 때문에 회전율에는 큰 변화는 없습니다. 그래도 매년 0.1씩 증가하고 있습니다.

　마지막으로 현금흐름을 알아보겠습니다. 사업 1년 차에는 벌어들인 현금보다 투자와 재무활동의 현금 지출이 더 많았습니다. 따라서 기말 현금이 줄어드는 현상이 나타났습니다. 하지만 사업 2년 차에 큰 폭의 영업활동 현금이 발생하면서 현금흐름이 다시금 개선되었습니다. 여기서 특이한 점은 투자활동으로 지출된 현금이 많았다는 것입니다. 이는 아마도 다른 회사에 투자하거나 외부 금융상품에 투자한 것으로 예상됩니다. 또한 사업 3년 차에 다시 재무활동에서 큰 현금 지출이 있는 것으로 보아 아마 주주에게 배당을 했거

현금흐름표

구분	사업 1년	사업 2년	사업 3년
영업활동현금흐름	12	60	36
투자활동현금흐름	−14	−46	7
재무활동현금흐름	−8	−8	−43
현금 및 현금성자산의 증가(감소)	−10	6	0
기초 현금 및 현금성자산	25	15	21
기말 현금 및 현금성자산	15	21	21

나, 회사의 자기주식 취득으로 사용되지 않았을까 생각됩니다.

이렇게 전혀 다른 특징을 가진 3개의 회사에 대한 재무비율을 분석해보았습니다. 산업의 특성에 따라 각 회사의 재무비율이 천차만별인 것을 확인할 수 있습니다. 따라서 자신이 속한 회사, 혹은 관심을 가지고 있는 회사의 재무상태를 파악하기 위해서는 동일 산업군인 경쟁사의 재무비율을 산정해 비교해보는 것이 가장 합리적인 분석 방법입니다. 이를 통해 우리 회사의 재무적인 강점과 약점이 무엇인지 확인할 수 있습니다. 또한 3개년 재무 분석을 통해 장기적인 추세의 변화를 파악할 수 있습니다. 이렇게 회사의 객관화된 정보를 확인하고 이를 바탕으로 다양한 분석이 가능하다는 것은 재무회계의 주요한 기능 중 하나입니다.

맡은 업무를 잘해내고 상사에게 칭찬을 받는 것은 모든 직장인이 원하는 일입니다. 회계의 수치를 활용해 업무 보고서를 작성하거나 커뮤니케이션에 사용하고 적용한다면, 좋은 평가를 받을 수 있을 뿐만 아니라 업무 시간까지 절약할 수 있습니다. 꼼꼼한 회계 논리를 통해 정확한 숫자를 만들고 그 과정에서 오류가 발생하지 않도록 반복적으로 검증을 진행하면서 가장 합리적인 안을 제시하는 것, 이것이 우리가 회계를 통해 얻을 수 있는 업무의 중요한 팁입니다.

회계가 실무에서
이토록
쓸모 있을 줄이야

- 숫자로 말하기
- 일잘러가 일하는 방식
- 핵심 파악하기

일잘러의 보고서가
명쾌한 이유

✧ 숫자로 말하기 ✧

회사에서 '일 잘하는 사람'이라고 하면 어떤 사람이 떠오르나요? 질문을 좀 바꿔볼게요. 여러분이 업무적으로 어떤 어려움을 겪고 있을 때 '이 사람에게 도움을 요청하면 해결 방법을 알 수 있겠다!' 하고 떠오르는 얼굴이 있나요? 무엇을 물어봐도 기다렸다는 듯이 명쾌한 답변을 주는 그런 사람, 자신이 맡은 역할을 깔끔히 해내면서 주변 동료들의 업무까지 척척 도와주는 히어로 같은 사람이 어느 회사에나 한 명씩은 있기 마련일 겁니다. 그렇다면 그런 사람들에게 어떤 공통점이 있는지를 떠올려보세요. 아마 훌륭한 여러 가지 특성들을 가지고 있겠지만, 그중에서도 특히 다음의 몇 가지 공통점을 찾을 수 있을 겁니다. 하나는 전체 조직의 업무 흐름을 확실하게 파악하고 있다는 점이고, 다른 하나는 그 흐름을 숫자와 연결해 문제점과 해결 방법을 나름의 방식으로 정리해두고 있다는 점입니다. 그들의 표현 방식을 눈여겨보면 항상 정확한 데이터에 기반해 이야기하고 있다는 것을 눈치챌 수 있을 겁니다. 그래서 그들의 이야기는 늘 명쾌합니다. 중요한 숫자들을 잘 기억하고, 그 숫자들의 함의를 명확하게 이해하며, 이를 통해 논리를 도출해내기 때문이지요. '숫자'라는 팩트는 모두가 인정할 수밖에 없는 '공신력'을 부여합니다.

숫자로 말하는 보고서

일반적으로 회사에서는 어떤 업무가 종결되면 해당 결과에 대한 보고서를 작성합니다. 그 표현의 형식에는 여러 가지가 있지만 상급자가 선호하는 형식의 보고서는 명확합니다. 그것은 바로 이야기하고자 하는 바가 한눈에 들어오는 보고서, 즉 상급자에게서 "그래서 대체 결론이 뭐냐?"라는 반문이 나오지 않는 보고서입니다.

다음의 보고서 작성 예시를 통해 장황한 텍스트보다는 명확한 도표, 그리고 정량화한 결과물(숫자)들을 활용하는 것이 보고하는 데 더욱 적절한 형식이라는 것을 알 수 있습니다. 이야기하고자 하는 바를 응축해 숫자로 나타내는 능력, 즉 회계 지식이 보고서 작성의 밑바탕이 되어야 한다는 뜻입니다.

일반 방식으로 작성한 보고서 예시

△△△ 사이트 사업 현황 및 이슈 보고서

보고일: 20××년 ×월 ×일

보고자: ◇◇팀 홍길동

1. 사업 현황 및 비용 보고

1) 사업 확대

① □□ 인터넷 강의 및 공급 사업 시행 중
② 사업 확대에 따른 시장 점유율 확대 및 현황 보고

2) 현황

① 사이트명: △△△
② 사업 배경
 – 20××년 인터넷 강의 사업 외 제품 공급 사업 확장 과정에서 시장 확대 가능성 도출
 – 무료 인터넷 강의 서비스 제공 내 교재 유료 판매 및 유료 부가 서비스 제공
③ 예상 매출액 및 시장 규모
 – 매출: 약 ○○억 원/가입 회원 수: 약 100,000명/유료 이용자 수: 약 10,000명
   00년 ○○억 원/01년 ○○억 원/02년 ○○억 원 증가 추세
   00년 상반기 ○○억 원 → 01년 상반기 ○○억 원으로 ○○억 원 증가 예상
   (신장률 ○○%)
 – 인터넷 강의 중심 마케팅 진행으로 사업 마케팅 연계 강화 → 교재 회원의 사이트 유입 증가
 – □□ 대상 인터넷 강의 시장 규모의 확장성 확인: 현재 점유율 ○○위/○○%

3) 주요 이슈

① 개발 범위 확대 및 비용 증가
 – 고객 증가에 따른 CS 서비스 제공 기능 확대
 – 개발 비용 증가: 00년 대비 약 ○억 원 추가 지출 예상 → 이익 대비 ○○%
② 마케팅 비용 증가
 – 00년 공격적인 마케팅 활동 강화: 광고선전비 약 ○억 원 지출
   → 매출 ○○억 원 발생, 광고선전비 대비 효율 증가
 – 00년 마케팅 활동 증가 → 20××년 수준으로 마케팅 비용 증가(약 ○억 원)
 – 20××년 예상 사이트 이익 대비 ○○% 예상 (20××년 대비 ○○% 증가 예상)

회계 방식으로 작성한 보고서 예시

△△△ 사이트 사업 현황 및 이슈 보고서

보고일: 20××년 ×월 ×일

보고자: ◇◇팀 홍길동

1. 사업 현황 및 비용 보고

1) 사업 확대
　① □□ 인터넷 강의 및 공급 사업 시행 중
　② 사업 확대에 따른 시장 점유율 확대 및 현황 보고

2) 현황
　① 사이트명: △△△
　② 사업 배경
　　- 20××년 인터넷 강의 사업 외 제품 공급 사업 확장 과정에서 시장 확대 가능성 도출
　③ 예상 매출액 및 시장 규모(단위: 억 원)

구분	사업 1년 차	사업 2년 차	사업 3년 차	연평균 신장률
매출	○○	○○	○○	○○%
비용	○	○	○	○○%
영업이익	○	○	○	○○%

　　- 시장 점유율 변동: 경쟁사 대비(%)

구분	사업 1년 차	사업 2년 차	사업 3년 차	점유율 신장률
자사	○○	○○	○○	○○%
경쟁사 A	○	○	○	○○%
경쟁사 B	○	○	○	○○%

3) 주요 이슈
　① 개발비 및 마케팅 비용 증가

구분	사업 1년 차	사업 2년 차	사업 3년 차	이익 대비 비율
광고선전(매체)	○○	○○	○○	○○%
개발비	○	○	○	○○%
합계	○	○	○	○○%

✦ 일잘러가 일하는 방식 ✦

보고하는 법

여러분의 상사가 어떤 결정을 내렸다고 공표했습니다. 그런데 그 일을 누구보다 잘 알고 있는 실무자인 당신이 보기에, 그 결정에는 너무나 큰 위험이 따릅니다. 회사를 위해서는 반드시 그 결정을 번복해야만 합니다. 그 경우 당신은 상사에게 이 사실을 솔직히 말할 수 있을까요?

"고양이 목에 방울 달기"라는 속담이 있지요. 목숨을 내놓아야 할 만큼 위험해서 누구나 꺼리는 일을 말합니다. 상사의 결정에 반하는 의견을 제시하거나 직언을 하는 일 등이 이에 속할 겁니다. 회사생활을 하다 보면 우리 모두 한 번쯤은 이런 위기 상황에 놓이게 되지요. 무조건 피하고 싶을 겁니다. 혹시라도 상사의 심기를 거스를 경우 불어닥칠 후폭풍도 무시할 수는 없으니까요. 하지만 반드시 누군가가 총대를 메야만 하는 상황이라면 어떻게 해야 좋을까요? 그때는 장황한 이야기를 주절주절 풀어놓는 것보다 주요 수치를 담은 표와 그 분석 내용을 간결하게 정리한 보고서를 제출하는 것을 추천드립니다. 정말 그거면 될까요? 네, 그렇습니다.

결국 리더(혹은 상사)에게 필요한 것은 어떤 결정이 가지고 오는 이익(혹은 손해)의 범위입니다. 리더가 손실과 이익의 범위를 잘못 인지하고 있다면 논리적인 추론 과정을 거쳐 산출된 숫자를 제시하세요. 제시된 데이터가 수긍이 된다면, 대부분은 자신의 결정을 번복하게 될 것입니다. 물론 그럼에도 불구하고 우리가 알 수 없는 다른 어떤 이유들로 기존의 결정을 고수할 수도 있습니다. 하지만 설사 결정을 바꾸지 않더라도 잠재적 위험을 감내하고 개선 방향을 보고해준 팀원에 대해서는 긍정적인 평가를 하게 될 것입니다. 꼭 필요한 순간에 가장 필요한 역할을 하는 사람에게 신뢰가 가는 것은 당연한 일이기 때문입니다.

다만 이때 꼭 주의해야 할 점이 있습니다. 첫째, 제시하는 수치는 과거가 아닌 현재와 미래에 초점을 맞춰 작성해야 합니다. 과거의 실패 사례 등에 너무 집중하다 보면 정작 내가 말하고자 하는 부분을 보고하지 못할 수도 있습니다. 논지가 흐려질 뿐만 아니라, 자첫 상사를 질책하는 것으로 보여질 수 있기 때문입니다.

둘째, 해당 결과를 뒷받침하는 주요한 수치들과 그 수치가 나오게 된 논리 과정을 확실하게 파악하고 있어야 합니다. 더욱이 이 수치들을 평소에 자연스럽게 자주 언급하면서 주변에 인지시키는 것이 중요합니다. 실무자는 주요한 수치들에 대해 충분히 인지하고 있지만 다른 사람들은 그렇지 않습니다. 매출 같은 가장 기본적이고 중요한 수치를 제외하면 다른 디테일한 수치들을 기억하고 있는 경우는 아주 드물지요. 따라서 내 주장에 대한 지지를 받기 위해서는 평소에도 주변 사람들이 다양한 수치에 익숙해질 수 있도록 만드는 것이 좋습니다. 예를 들어 특정 제품의 매출을 기준으로, 목표로 설정된 영업이익을 달성하기 위해서 마케팅 비용은 어느 수준까지 사용할 수 있다는 것 등을 미리 공유해두시는 것도 좋습니다.

이런 과정을 거친다면 리더는 물론 나 자신도 놀랄 정도로 자신 있게 보고할 수 있습니다. 이것이 바로 숫자가 가진 힘입니다.

질문하는 법

업무를 진행하면서 우리는 수많은 질문을 던지게 됩니다. 단순히 업무가 잘 이해되지 않아서 질문을 하게 될 때도 있고, 자신이 이해한 것이 맞는지 확인하기 위해 질문을 하게 될 때도 있습니다. 무엇을 해야 할지 막막해서 던지는 질문도 있고, 업무를 어떻게 진행해야 할지 확인하고자 던지는 질문도 있을 겁니다.

모든 질문에는 격이 있습니다. 명확하고 구체적인 결과를 얻고 싶다면 그에 적합한 질문이 필요합니다. 무턱대고 뜬금없는 질문을 쏟아내면 서로의 시간만 뺏을 뿐 어떠한 성과도 얻기 어렵습니다. 특히 가장 난해한 질문은 "이거 어떻게 해야 하나요?"같이 모호하고 포괄적인 방식의 질문입니다. 이 질문에는 사실 '당신이 원하는 답이 무엇인지 나에게 알려달라'는 뜻이 내포되어 있지요. 하지만 이렇게 노골적으로 해답을 요구하는 질문에 답이 쉽게 나올 리 없습니다. 문제의 답을 찾아오라고 업무 지시를 내렸는데, 오히려 그 답을 알려달라고 요청하는 모양새니까요.

그렇다면 질문은 대체 어떻게 해야 할까요? 너무 당연한 말이지만 우리가 질문할 때 가장 먼저 파악해야 할 것은 상사가 원하는 업무의 방향입니다. 상사는 이 자료를 어디에 활용하고자 하는 것인지, 최종 보고는 어디까지 이루어지는 것인지, 해당 자료를 가지고 어떤 보고를 진행하고 싶은지를 이해하기 위한 질문이 필요합니다. 그런데 여기에 커다란 맹점이 하나 있습니다. 사실 상사도 자신의 상사에게 이 보고를 어떻게 해야 할지 아직 갈피를 잡지 못했을 수 있다는 점입니다. 이렇게 되면 상사와 실무자 간에 갈등이 생겨날 수밖에 없습니다. 아니, 어쩌란 말인가요. 지시를 하는 사람이 정확한 방향을 잡지 못한다면, 우리가 궁예도 아닌데 관심법을 쓸 수도 없는 노릇이 아닌가요. 그러나 의외로 '알아서 다 만들어오기'를 원하는 상사들이 적지 않다는 것이 문제입니다.

물론 상사들도 처음부터 모든 일을 맡기려고 한 것은 아닙니다. 실무자가 작성할 수 있는 수준의 보고를 받고, 그 보고 내용을 토대로 최종 예상 결과를 만들어내는 작업을 진행하는 것이 적절하다는 사실을 충분히 인지하고 있습니다. 하지만 현실은 그렇게 녹록하지 않습니다. 매 순간 새롭게 생기는 돌발 상황들과 변수들 때문에 그러한 적절한 과정을 다 거치기 어려울 수 있기 때문입니다. 마감 기한이 촉박함에도 불구하고 보고는 이루어져야 하고, 그런 상황이 반복적으로 발생하면 어쩔 수 없이 실무자에게 최종 보고를 위한 높은 수준의 보고서를 요구하게 마련입니다.

해당 보고서가 직접적으로 최종 보고용으로 쓰이지 않는다고 해도, 최종 보고에 쓰여도 손색이 없는 수준의 보고서라면 신뢰도는 훨씬 높아질 수밖에 없겠지요. 그러니 상사에게 보고에 필요한 세부 정보의 수준에 대해 지속적으로 질문을 던져 보고서의 결말, 즉 상사의 상사인 결정권자가 필요로 하는 해답을 보고서에 담아야 합니다. 한마디로 '상사에게 잘 준비된 한 끼 밥상을 차려주는 것'이 핵심입니다.

이러한 과정을 통해 결국 그 최종적인 결말의 형태가 대부분 재무회계의 산식을 활용한 숫자들로 표현된다는 사실을 깨닫게 될 것입니다. 이 일을 진행함으로써 추가되는 매출이 얼마인지, 절감되는 비용은 얼마인지, 결국 모든 결론은 이 두 가지 맥락 안에 담겨 있습니다. 상사의 상사, 그리고 그 상사의 상사인 회사의 최고 결정권자가 궁금해하는 내용이 바로 그것이기 때문입니다. 따라서 재무회계의 기본적인 지식을 알고 있지 못하면 상사가 원하는 디테일한 부분들에 대해 질문조차 할 수 없습니다. 질문의 방향도 숫자와 연결되어 있으니까요.

✦ 핵심 파악하기 ✦

업무 처리가 정확한 사람의 특성은 무엇일까요? 업종에 따라 조금씩 차이가 있을 수 있겠으나 공통적으로 언급되는 부분은 '경청'이 아닌가 합니다. 그들의 대화는 주로 듣기로 시작하고 듣기로 끝납니다. 그 과정에서 핵심적인 질문을 던지고, 그 답을 듣고, 주요 사항을 꼼꼼히 메모합니다. 그들은 왜 말하지 않고 듣기만 하는 걸까요? 그것은 상대방이 원하는 방향과 의도를 정확히 파악하기 위함입니다. 업무의 시작과 진행은 내가 맡게 되겠지만, 최종 결과를 담아낼 보고서에는 업무를 요청한 사람의 의견이 담겨 있어야 하기 때문이지요. 따라서 회의 과정에서 불필요한 내용을 걸러내고 정리함으로써 업무 효율을 높이는 작업을 병행합니다. 리더와 경영진이 원하는 것이 무엇인지를 빠르게 파악하고, 이 업무를 실제로 실행하게 될 실무자의 입장까지 고려해 사전에 예상되는 리스크를 담아냅니다. 이 같은 과정을 거친 의견은 중요한 결정을 내려야 할 때 더욱 빛을 발합니다.

그렇다면 이러한 능력은 어떻게 키울 수 있는 걸까요? 무엇보다 '보고의 핵심이 무엇이 되어야 하는가'에 대한 명확한 기준이 있어야 합니다. 그리고 앞서 여러 번 언급했던 바와 같이 보고를 통해 얻어내고자 하는 핵심적인 내용들은 회계를 통해 얻게 되는 결과물인 경우가 많습니다. "일 잘한다."라는 평가를 듣는 직원들은 여러 번의 업무 보고를 통해 이 부분을 이미 체득하고 있는 것이죠.

우선 상대가 원하는 시나리오를 완성하기 위해서 반드시 필요한 몇 가지 수치들을 체크해보세요. 그리고 그 결과 값을 내기 위해 필요한 요소가 무엇인지 고민해보세요. 그 과정에서 발생할 다양한 변수와 위험 요소를 체크해보세요. 치밀한 회계 논리를 통해 가장 정확한 숫자를 만들고, 그 과정에서 오류가 발생하지 않도록 반복적으로 검증하면서 가장 합리적인 안을 제시하는 겁니다. 결국 상대의 요구사항을 정확하게 파악하고, 그 니즈를 구체적인 회계적 결과물로 치환할 수 있는 능력이 보고서의 성패를 가릅니다.

- 업무에서 인정받기
- 기획업무에 적용하기
- 실무자와 리더의 회계 활용법

업무 효율을 높이는
회계의 힘

✦ 업무에서 인정받기 ✦

회사는 매년 '성과목표'라는 것을 설정해 조직과 개인에게 새로이 달성할 목표를 부여합니다. 그리고 팀에 부여된 과제들은 다시 한 번 세분화되어 팀원 단위에 부여됩니다. 사실 매해 새롭게 부여받는 목표를 살펴보면 쉽게 달성될 것 같은 항목들은 거의 없어 보입니다. 시장은 자꾸만 급변하고, 회사 간의 경쟁은 점점 치열해지고 있기 때문입니다.

그렇지만 이런 어려움 속에서도 본인에게 부여된 목표보다 더 월등한 결과를 만들어내기 위해 끊임없이 노력하는 사람들은 분명 존재합니다. 사실 주어진 일만 해결하기도 너무 벅찬 하루하루인데 왜 그들은 늘 그렇게 업무에 열의를 불태우는 걸까요? 나와 다른 특별한 유전자를 가지고 있는 걸까요? 아니요. 힘든 업무를 부여받았을 때 '이걸 어떻게 해결해야 하나.'라는 걱정이 드는 건 누구나 마찬가지입니다. 때때로 '이걸 해결하지 못하면 회사에서 낙오되는 것이 아닐까?' 하는 두려움이 생기기도 하지요. 하지만 역설적으로 이 고비를 넘기면 회사로부터 인정받는다는 의미가 되기도 합니다. 또한 그 과정을 통해 스스로의 역량 역시 크게 키워나갈 수 있습니다. 힘들고 어려운 과제일수록 그것을 해결한 후에 느끼는 희열과 기쁨이 크다는 것, 그리고 그 기쁨이 그동안의 힘듦을 충분히 상쇄시킨다는 것을 그들은 이미 경험을 통해 알고 있는 것뿐입니다.

철저한 사전 준비와 다양한 노력을 통해 우리는 과제 수행의 완성도를 크게 높일 수 있습니다. 하지만 최선을 다했음에도 불구하고 좋은 결과를 내지 못하는 경우도 많이 있습니다. 과제의 성공 유무는 비단 개인의 노력만으로 결정되는 것이 아니니까요. 과정이 정말 좋지 않았는데 운 좋게 좋은 결과를 맺는 경우도 있고, 정말 모든 것이 완벽했는데 안타깝게 좋지 않은 결과를 맞이하는 경우도 있습니다. 우리의 노력은 성공의 가능성을 조금이라도 높이기 위함일 뿐, 성공 자체를 보장해주는 것은 아닙니다. 하지만 머리로는 이해한다고 해도 막상 본인에게 이런 상황이 벌어지면 마음을 추스르는 일이 쉽지 않을 겁니다. 그간의 노력들이 수포로 돌아갔다는 사실을 받아들이는 건 결코 쉬운 일이 아니니까요. 더구나 이럴 때 리더의 질책이라도 받게 되면 그 아쉬움과 서러움은 말로 표현하기 어려울 정도가 될 겁니다. 그동안의 노력들을 하나하나 다 말하고 싶지만 평가는 결국 결과로만 이뤄질 뿐입니다.

하지만 너무 절망할 필요는 없습니다. 조직에는 성공 사례만 필요한 것이 아니기 때문입니다. 성공만큼 실패를 통해 배울 수 있는 것도 많습니다. 왜냐하면 처음부터 실패를 작정하고 시작하는 업무는 없기 때문입니다. 최선이라고 생각했던 노력들 중 어떤 부분이 잘못되었는지, 그리고 그 원인이 무엇인지 분석해 같은 실수를 반복하지 않도록 대안을 찾는 과정은 성공만큼이나 중요합니다. 그래야만 앞으로의 실패를 방지할 수 있기 때문입니다.

그러니 어떤 과제의 결과가 만족스럽지 못했다면, 그동안 노력한 과정과 개선 사항들을 보고서로 작성해보세요. 단순히 결과만 기재하는 것이 아니라, 자신의 노력을 꼼꼼하고 명확하게 수치로 바꾸어 보고해보세요. 여기에 업무 개선을 통해 추후 성공했을 때 가져올 수 있는 최선의 결과를 함께 그려보는 것도 좋습니다. 예를 들면 "이번 달 ○○개의 목표를 달성하려 했으나 매출 ○○를 미달했습니다."라는 상투적 표현 대신에 이렇게 명확하게 관련 수치를 제시해보면 어떨까요? "○○개의 매출을 이루기 위해 노력했으나 ○○을 달성했습니다. 하지만 ○○○을 개선해 추후 이 목표가 달성될 경우 매출 ○○에 따른 영업이익은 ○○이 될 것입니다. 더불어 중장기적으로 매출 ○○의 기대효과를 추가로 가져올 수 있을 것으로 예상합니다."라는 표현으로 바꾸어보는 겁니다.

같은 과정을 통해 얻은 결과지만, 그 뉘앙스는 받아들이는 대상에 따라 완전히 달라집니다. 당신의 상사는 단기적인 결과를 중요시할지 몰라도 상사의 상사, 즉 최종 결정권자는 과정을 더 중요하게 생각할 겁니다. 개선 사항을 제시하는 보고서를 통해 그동안 노력한 과정을 보여줌으로써 향후 2~3년 내에 지금의 노력에 따른 성과를 가져올 수 있다는 기대감을 심어줄 수 있습니다. 지금의 결과보다는 앞으로 벌어질 미래의 결과와 과정이 더 매력적으로 인식될 수도 있습니다. 고생한 과정에 대해 만족할 만한 피드백을 받지는 못하더라도 리더에게 자신의 잠재력을 충분히 어필할 수 있을 겁니다.

✦ 기획업무에 적용하기 ✦

회계는 회사의 모든 부서, 모든 직급에서 중요하게 활용됩니다. 회계를 아느냐 모르느냐에 따라 업무 이해도와 그 성과에도 차이가 있습니다. 이번 장에서는 다양한 직무 중에서 기획업무를 예로 들어 회계가 실무에서 어떻게 활용되는지 구체적으로 살펴보겠습니다.

모든 회사에는 기획업무를 전담으로 하는 사람들이 있습니다. 본부 단위의 기획조직일 수도 있고, 팀이나 파트 혹은 팀원으로 구성되는 경우도 있습니다. 조직의 크기와 인원에는 차이가 있을 수 있으나 어느 회사에나 반드시 존재하는 업무라는 사실에는 변함이 없습니다. 일단 기획업무를 담당하게 되면 회사의 중요한 살림을 책임지게 되었다는 자부심과 함께 낯선 업무에 대한 부담감이 생기기 마련입니다. 누구 하나 명확하고 자신 있게 '기획은 이런 일을 한다'고 말해주는 사람이 없기 때문입니다.

그렇다면 기획팀은 정말 어떠한 업무를 하고 있을까요? 먼저 기획업무의 정의부터 살펴보겠습니다(회사마다 일부 차이가 발생할 수 있는 부분입니다). 기획이란 회사에서 부여한 특정한 목적(또는 목표)을 효과적·효율적으로 달성하기 위해 단기적·장기적으로 합당한 자원 활용 계획을 수립하고, 그 실행 과정을 관리하는 것입니다. 회사의 비전과 미션을 제시하고 최고경영자(CEO)가 지시하는 업무를 수행하는 역할입니다. 경영진의 손과 발이 됨은 물론, 핵심 참모로서 두뇌의 역할도 수행합니다. 그러므로 기획업무는 궁극적으로 회사의 장기적인 존속과 발전을 위한 중장기 사업 전략을 수립하고 관리하는 데에 맞춰져 있습니다.

기획업무에 필요한 역량

기획팀의 업무는 크게 다섯 가지로 구분됩니다. ①경영(사업)전략 수립, ②경영실적 분석, ③정보관리, ④투자관리, ⑤계열회사관리입니다. 이 중에서 ①경영(사업)전략 수립과 ②경영실적 분석은 업무의 80% 이상을 차지할 만큼 중요한 부분입니다. ①경영(사업)전략 수립 업무는 다시 세 가지로 구분됩니다. 첫째는 회사의 중장기 경영(사업)전략 수립, 둘째는 단기 전략인 연간 사업계획 수립입니다.

그리고 셋째는 이 두 가지 업무에 대한 목표 및 진도관리입니다. 여기서 가장 중요한 것은 각 사업 단위에서 작성된 사업목표와 실행계획을 검토하고 점검하는 것입니다. 올바르게 목표가 설정되었는지, 그 실행 방안들이 정말 달성 가능한 것인지 점검하고 조정해야 한다는 의미입니다.

그렇다면 이 조정 과정은 어떻게 진행될까요? 대부분 엑셀시트를 꽉 채운 수치들을 통해 이루어집니다. 각종 수치가 계획대로 나오고 있는지 하나하나 확인하고 점검하는 것, 이것이 기획팀 실무자의 주된 업무입니다. 이때 점검 양식은 손익계산서 형식을 주로 사용하며, 때로는 보조 자료로 손익분기점(BEP) 자료를 함께 활용하기도 합니다. 매출과 이익 관점에서의 관리가 무엇보다 반드시 필요하기 때문입니다.

중장기 경영(사업)전략의 경우, 실무 선에서 사업 방향과 수치가 확정되면 이를 토대로 연간 매출과 손익을 대략적으로 예측하게 됩니다. 이 데이터를 바탕으로 중장기 전략에 필요한 사업 방향과 다시 비교·분석하고 적정한 투자규모를 산출합니다. 물론 투자를 하고 실행이 되어야 매출과 이익이 발생하지만, 사업성이 낮거나(매출이 적거나 이익이 발생할 경우가 적은 경우) 리스크가 큰 사업의 경우는 그 타당성을 분석하는 작업을 추가로 거칩니다. 이러한 과정이 모두 완료되고 난 이후에도 몇 번의 수정·보완을 거쳐야만 중장기 경영전략이 확정됩니다. 이 경영전략은 중기와 장기로 구분되며, 매년 사업목표와 경영방침의 기본적인 토대가 됩니다. 회사의 가장 중요한 나침반 역할을 수행하는 것입니다. 따라서 이 업무를 담당하기 위해서는 재무회계의 기본이 되는 손익계산서와 재무상태표의 이해가 가장 우선적으로 필요합니다. 또한 손익분기점과 재무비율, 현금흐름표에 대해서도 알고 있어야 합니다.

②경영실적 분석은 단기적인 사업 점검의 성격이 강합니다. 이는 올해 확정된 사업 예산이 계획대로 실행되고 있는지, 매출과 손익은 정상적으로 진행되고 있는지 점검하고 관리하는 업무입니다. 사실 업무의 분류는 실적(매출) 분석(월, 분기, 반기, 연간)과 손익관리, 예산관리로 구분되지만, 각각은 개별적인 업무라기보다 연속선상에 놓인 업무입니다. 그저 담당자별로 분리해놓았을 뿐이죠. 그래야 서로 크로스체크가 가능해 오류 발생을 최소화할 수 있습니다.

업무에서 필요한 역량은 손익계산서에 대한 이해력입니다. 특히 매출원가는 회사의 사업, 매출의 성격마다 특징이 달라지기 때문에 특히 주의해서 배워둬야 합니다. 영업이익에 직접적인 영향을 미치는 요인이기 때문에 모든 회사가 매출원가를 가장 중요한 관리 지표로 삼습니다. 경영진이 직접 챙기는 사항인 만큼 과거의 실적도 같이 비교하거나 경쟁사의 내역도 같이 포함해 보고를 진행합니다.

그 외에 ③정보관리, ⑤계열회사관리는 정기적인 업무의 성격이 강합니다. 하지만 ④투자관리는 회계 지식을 필요로 하는 가장 중요한 업무입니다. 투자계획을 수립하기 위해서는 각 사업별 투자계획을 취합하고 분석해 투자의 우선순위를 결정해야 하기 때문입니다. 손익은 물론 손익분기점, 투자 분석에 활용되는 각종 공식을 적용해본 이후에야 투자규모가 최종 확정됩니다. 회사의 장기적 손익은 물론 현금흐름에도 큰 영향을 미치게 되는 만큼 정확성과 정교함은 필수적입니다. 계획 수립과 보고, 확정 후에도 정기적인 사후관리가 반드시 진행되어야 합니다. 미래의 사업적 방향까지 예상하고 계획을 수립해야 하는 만큼 책임이 크고 어려운 업무이기도 합니다. 하지만 어려운 작업인 만큼, 본인이 예상했던 모습대로 사업이 진행될 때의 희열은 이루 말할 수 없겠지요. 결국 기획팀의 업무는 시작부터 끝까지 재무회계 지식을 필요로 합니다.

✦ 실무자와 리더의 회계 활용법 ✦

실무자의 기획업무

앞서 기획팀의 주요 업무에 대해 설명을 드렸습니다. 여기에 실무에 주로 적용하는 기획업무 중 가장 중요한 몇 가지만 다시 언급해 보겠습니다. 기본적으로 기획팀의 업무는 주기적으로 진행하는 경상업무와 비정기적으로 발생하는 비경상적 업무로 나뉩니다. 아무래도 경상적인 업무의 비중이 좀 더 높겠지요. 경상적인 업무 중 가장 많은 부분을 차지하는 것은 '실적관리'입니다. 이것은 처음 사업예산을 수립하고 승인을 받은 이후에 해당 사업이 계획대로 잘 진행되고 있는지를 점검하는 업무입니다. 사실 지금처럼 급변하는 시

PART 4 · 회계가 실무에서 이토록 쓸모 있을 줄이야

대에 사전계획을 세우고 사후관리를 하는 것보다 그때그때 상황에 맞춰 유연하게 대처하는 것이 더 중요하지 않느냐 하는 의견들이 많은 것도 사실입니다. 실제로 모든 과정을 철저히 관리하고 중간 점검을 진행한다 하더라도, 최종적인 사업의 결과가 예상과 달라지는 경우는 허다합니다. 그렇지만 사전에 어떠한 계획을 세우고 이를 바탕으로 돌발상황에 대처하는 것과 두루뭉술한 개념만 가지고 새로운 상황에 대처하는 것에는 많은 차이가 있습니다.

'실적관리'에서 가장 필요한 것은 손익계산서를 볼 수 있는 능력입니다. 이것은 단순히 숫자의 더하기 빼기만을 이야기하는 것이 아닙니다. 손익계산서를 구성하는 각 계정과목의 중요도를 사전에 인지하고, 계정별 비용 집행의 의미를 이해할 수 있어야 한다는 뜻입니다. 비용 집행이 과다한 계정이 있다면 그 원인이 무엇인지 찾아낼 수 있어야 합니다. 물론 관리해야 할 손익계산서가 하나라면 계정과목별로 관리하는 것은 그렇게 어려운 일이 아닙니다. 숙달되기만 하면 언제든 쉽게 할 수 있는 업무입니다.

하지만 회사가 단 하나의 사업만 진행하는 경우는 그리 많지 않기 때문에 동시에 2~4개 이상의 사업별 손익계산서를 관리해야 하는 경우가 많고, 이에 따라 계정별 관리와 원인 파악에도 많은 시간이 소요되기 마련입니다. 나중에는 계정과목별로 뒤죽박죽 섞여서 어떤 비용이 어떤 사업과 연결되는 것인지 헷갈리게 되기도 하지요. 시간은 한정적인데 살펴봐야 할 숫자와 자료가 늘어나면 여간

부담스러운 것이 아닙니다. 이런 업무 과부하를 예방하기 위해서는 사전에 각 사업의 예산 자료를 꼼꼼히 챙겨 보고, 중요 계정에 대해서는 주요 진행계획을 해당 사업 담당자에게 확인하는 것이 중요합니다. 이 과정을 통해 업무 시간을 단축시킬 수 있을 뿐만 아니라 관리와 분석의 정확도도 크게 높일 수 있습니다.

리더의 기획업무

기획팀의 리더는 주로 어떠한 업무를 담당하고 있을까요? 리더는 실무자가 살펴보는 자료(손익계산서)를 기본적으로 동일하게 확인하고 점검합니다. 이에 더해 리더가 중점적으로 담당하게 되는 문서는 재무상태표와 현금흐름표입니다. 특히 재무상태표의 자산과 부채 부분을 중점적으로 검토하게 되는데, 이는 손익계산서의 결과에 따라 재무상태표의 변동 내역과 결과를 확인하기 위해서입니다.

재무상태표 내 자산의 경우 유무형자산의 증감 내역과 이와 관련된 감가상각비의 변동 내역을 자세히 살펴보게 됩니다. 자산의 변화는 매출과 비용으로 바로 직결되는 것으로, 사업 예산 대비 적절하게 집행되었는지 1차 점검을 합니다. 이에 더해 전년도 또는 최근 3~4년 자료와 비교해 자산의 규모가 증가하고 있는지, 감소하고 있는지를 그 원인과 함께 파악합니다.

이후 추가적으로 부채의 변동 내역도 살펴보게 됩니다. 특히 단기간(1년) 내 상환의 의무가 있는 유동부채를 계정별로 하나하나 점검합니다. 이러한 자산과 부채의 변동 상황을 살펴보는 목적은 회사의 매출에 따라 발생되는 이익이 자산의 증가로 이어졌는지, 아니면 부채의 상환이나 감소로 이어졌는지 그 경로를 추적하기 위해서입니다. 좀 더 정확한 자료를 체크하기 위해 보조지표로 현금흐름표의 변화 내역까지 같이 살펴보는 경우도 있습니다.

이처럼 업무의 전문성을 가지기 위해서는 기본적으로 재무회계의 이해와 학습이 전제되어 있어야 합니다. 재무상태표의 변동 내역을 기초로 향후 예정될 사업 방향에 맞춰 변화될 부분까지 추정해 예상 재무상태표 보고를 하게 되는데, 특히 이 부분이 가장 어려운 업무입니다. 최종 보고를 위해 각 계정별로 추정되는 수치를 모두 데이터로 만들어 검증해야 하기 때문입니다. 사전에 각 사업에 대해 이해하고 있어야 하고, 사업전략은 물론 원가와 판관비, 자산의 변동 내역까지 모두 알고 있어야 합니다. 따라서 기획업무를 맡고 있는 리더는 회계 지식을 바탕으로 회사의 전체적인 사업 방향과 전략을 수치와 연계시키는 훈련을 지속적으로 해야 합니다.

회계해야 비로소 알게 되는 것들

지금까지 기초 재무회계에 관한 내용들을 살펴봤습니다. 적지 않은 양이고, 쉽지 않은 내용입니다. 하지만 우리에게 꼭 필요한 지식이자 발전을 위한 밑거름입니다. 우리가 회계를 학습해야 하는 이유는 명확합니다. '자신에게 주어진 업무를 제대로 처리해 회사에 정확한 답변을 제공'하기 위함입니다. 정확한 답변을 제공한다는 것은 회사가 원하는 기준에 부합한다는 뜻이고, 이를 통해 중장기적으로 회사의 발전에 도움이 된다는 의미입니다.

우리는 모두 발전하기 원합니다. 누구나 가지고 있는 공통적인 희망이자 바람입니다. 그리고 이것은 내가 속해 있는 조직 역시 마찬가지입니다. 끊임없이 발전하고 더 나은 모습이 되기를 희망하지요. 하지만 개인과 조직은 바라는 발전의 방향과 형태가 조금씩 다를 수 있습니다. 당장 내 눈앞에 주어진 업무를 열심히 해나가는 것도 분명 의미 있는 일이지만 이는 단기적이고 지엽적인 의미의 성장입니다. 따라서 회사가 원하는 좀 더 넓고 큰 방향의 중장기적인 성장과는 일부 괴리가 있을 수 있습니다. 이러한 두 사이의 간극을 메꿔주는 것이 바로 '회계'라고 말씀드리고 싶습니다.

숫자를 분석해 재무제표의 주요한 데이터가 주는 함의를 찾고, 숫자를 예측해 사업계획 수립에 필요한 다양한 지표들을 산정하고, 숫자를 검증해 예측치의 정확도를 높일 수 있습니다. 이뿐만 아니라 내가 속한 사업군을 포함해 회사 전체의 운영과 흐름을 읽을 수 있는 눈, 나아가 경쟁사와 시장 전체의 변화를 파악할 수 있는 통찰력을 키울 수 있습니다. 이처럼 우리는 회계를 통해 분명히 타인과 차별화되는 자신만의 경쟁력을 획득할 수 있을 것입니다.

이와타니 세이지가 쓴 『세상에서 가장 쉬운 회계학 입문』(이진주 역, 지상사, 2011)에는 '1%와 99%'라는 내용이 나옵니다. 이것은 '회계'를 이용한 예산제도가 1%의 사람들이 99%의 사람들을 관리하는 수법으로 이용되고 있다는 설명을 담고 있습니다. 99%의 사람들이 '예산제도'라는 관리통제적 시각을 벗어나, 스스로 목표를 달성하는 데 필요한 자신만의 지표를 찾아내는 것이 중요하다고 이야기합니다.

이 관점을 조금 바꿔 '5%와 95%'라는 말씀을 드리고 싶습니다. 우리 모두는 각각 본인이 수행해야 할 다양한 업무들을 가지고 있습니다. 그리고 각자의 자리에서 그 역할을 성실히 이행하고 있습니다. 그리고 그중 약 5% 정도의 경영진 및 기획·운영관리 인력만이 각종 재무 정보를 이용해 회사의 업무 방향을 주도적으로 이끌어갑니다. 그런데 만약 나머지 95%의 직원이 각자 맡은 바 업무 범위 내에서 회계 지식을 활용해나가기 시작한다면, 그리하여 각자 1%씩만 현재의 업무를 개선해간다면 과연 어떤 변화가 생겨날까요? 단언컨대 기존 5% 사람들의 역량에만 의존하는 것보다 훨씬 발전적이고 효율적인 결과가 발생할 것입니다.

재무회계 학습의 목적은 95%의 사람들이 보다 더 정확한 정보를 갖고 업무를 진행하는 것입니다. 회계 지식의 이해와 습득이야말로 우리가 회사의 경영 과정에 동참하고 기여하는 가장 확실하고 빠른 방법이기 때문입니다.

이러한 방법은 비단 회사의 발전뿐만 아니라 개인의 업무 발전에도 도움이 됩니다. 맡은 일을 빠르고 정확하게 처리하는 사람들을 흔히 '일머리가 좋다'고 합니다. 이는 단순히 일을 처리하는 속도를 일컫는 것이 아닙니다. 리더가 원하는 방향 그리고 내가 하고자 하는 업무의 내용까지 포함해서 만족할 만한 결과를 이끌어내는 것을 뜻합니다.

회사의 성장도 중요하지만 개인의 업무적인 발전과 성장도 중요합니다. 구성원 개개인이 성장해야지만 서로가 서로의 업무를 이해하고 원활하게 커뮤니케이션 할 수 있습니다. 그리고 그 커뮤니케이션은 구두나 텍스트뿐 아니라 숫자와 그 안에 담겨진 회계적인 논리로 이루어집니다. 이런 과정을 거쳐 원하는 결과물이 나오게 되면, 그때 비로소 업무의 격이 올라가고 그것을 통해 한층 더 성장하고 있다는 느낌을 받게 될 겁니다.

회계를 공부해야 비로소 보이는 것들이 있습니다. 이 책을 통해 쌓은 회계 지식으로 여러분이 직장에서 인정받으며 오래오래 살아남기를 바랍니다. 또한 이 책이 여러분의 업무적인 고민을 덜어드리는 데 조금이라도 도움이 될 수 있기를 희망합니다.

• 참고도서 •

- 『1초 만에 재무제표 읽는 법: 기본편』 (고미야 가즈요시 지음, 김정환 옮김, 다산북스, 2010)
- 『35살까지 꼭 알아야 하는 회계력』 (고다마 다카히코 지음, 구현숙 옮김, 이아소, 2011)
- 『만만한 회계학』 (하야시 아츠무 지음, 오시연 옮김, 김성균 감수, 케이디북스, 2010)
- 『사장이 알아야 할 회계의 교과서』 (손진현 지음, 북메이드, 2015)
- 『세상에서 가장 쉬운 회계책』 (센가 히데노부 지음, 곽해선 옮김, 랜덤하우스코리아, 2005)
- 『세상에서 가장 쉬운 회계학입문』 (이와타니 세이지 지음, 이진주 옮김, 지상사, 2011)
- 『어떻게 의욕을 불태우는가』 (이나모리 가즈오 지음, 양준호 옮김, 한국경제신문사, 2015)
- 『이나모리 가즈오의 회계경영』 (이나모리 가즈오 지음, 김욱송 옮김, 다산북스, 2010)
- 『읽기만 해도 이해되는 국제회계기준 IFRS』 (홍성수 지음, 새로운제안, 2011)
- 『장사를 했으면 이익을 내라』 (손봉석 지음, 다산북스, 2014)
- 『재미있는 회계여행』 (정헌석 지음, 김영사, 2006)
- 『지금 당장 회계공부 시작하라』 (강대준·신홍철 지음, 한빛비즈, 2012)
- 『직장인이여 회계하라』 (윤정용 지음, 이재홍 감수, 덴스토리, 2016)

- 『처음 만나는 회계 1교시』 (요시나리 히데키 지음, 오시연 옮김, 권재희 감수, 길벗, 2015)
- 『탑 비즈니스 리더의 재무 역량 개발』 (BUSINESS 집필진 엮음, 바른번역 옮김, 한국전략경영학회 감수, 비즈니스맵, 2009)
- 『파이낸셜 리포트에 통달하라』 (리처드 A. 램버트 지음, 오재현 옮김, 매일경제신문사, 2014)
- 『회계 천재가 된 홍대리 1』 (손봉석 지음, 다산라이프, 2013)
- 『회계 천재가 된 홍대리 2』 (손봉석 지음, 다산라이프, 2013)
- 『회계를 알면 성과가 보인다』 (지정일 지음, 알에이치코리아, 2012)
- 『회계사가 필요없는 팀장의 재무관리』 (앨런 본함·켄 랭돈 지음, 김기준 옮김, 더난출판사, 2009)
- 『회계실무 따라잡기』 (이병권 지음, 새로운제안, 2014)
- 『회계학 리스타트』 (유관희 지음, 비즈니스맵, 2010)
- 『회계학 리스타트 2』 (유관희 지음, 비즈니스맵, 2010)
- 『회계학 콘서트 1 수익과 비용』 (하야시 아츠무 지음, 박종민 옮김, 김항규 감수, 한국경제신문사, 2018)

회계가 직장에서 이토록 쓸모 있을 줄이야

초판 1쇄 발행 2020년 11월 17일
초판 2쇄 발행 2022년 8월 11일

지은이 | 한정엽 권영지
펴낸곳 | 원앤원북스
펴낸이 | 오운영
경영총괄 | 박종명
편집 | 이광민 최윤정 김형욱 양희준
디자인 | 윤지예 이영재
마케팅 | 문준영 이지은 박미애
등록번호 | 제2018-000146호(2018년 1월 23일)
주소 | 04091 서울시 마포구 토정로 222 한국출판콘텐츠센터 319호(신수동)
전화 | (02)719-7735   팩스 | (02)719-7736
이메일 | onobooks2018@naver.com   블로그 | blog.naver.com/onobooks2018
값 | 16,500원
ISBN 979-11-7043-133-6 03320

이 도서의 국립중앙도서관 출판예정도서목록(CIP)은 서지정보유통지원시스템 홈페이지(http://
seoji.nl.go.kr)와 국가자료종합목록 구축시스템(http://kolis-net.nl.go.kr)에서 이용하실 수 있습
니다. (CIP제어번호 : CIP2020043522)